はじめに

　毎日のテレビや新聞に目をやると，それこそ連日のように企業での様々な出来事が，トップ記事として報道されている。そこでは経営者の交代劇から従業員の雇用問題まで，まさに企業の管理に関する出来事ばかりがクローズアップされ，私たちの関心に強く訴えかけてくる。また同時に，ある大企業が海外に新しい生産拠点となる組織を設けたり，持株会社によって企業グループを組織的に再編したり，さらには経営効率を高めるため新たな組織形態を導入した，そのようなニュースも数多く飛び込んでくる。そうして現実の企業経営にとっては，今や「マネジメント（管理）」と「オーガニゼーション（組織）」といった二つの重要なキーワードが最大の関心事となっている。そのような管理と組織の問題に焦点を当て，それを研究対象に設定して科学的な考察と究明を行なうこと，それこそが経営学という学問の基本課題にほかならない。したがって経営学という学問は，現実の企業経営の場で生起する管理と組織という二つの事象を研究対象の中心に据え，それらの内部に貫く法則性を明らかにする社会科学の一分野なのである。まさに経営学とは，企業の管理と組織を核心にして体系づけられた学問である，そのように言っても決して過言ではない。

　では，そうして経営学にとって重要な意味を持つ管理と組織だが，両者は一体どのような関係にあるのだろう。もちろん，実際には企業の内部において，管理と組織という二つの事象は決して切り離されているわけではなく，互いに密接な関係を保ちながら存在している。一方で，管理という活動は組織という協働体の内部においてはじめて機能するものであり，組織がないところには管理活動も生じ得ない。他方では，どのような組織であっても，内部において管理という機能が発揮されない限り，その組織は維持されず存続することもない。こうして管理と組織は深く結びつき，管理のない組織があり得ないのと同様に，組織のないところに管理もあり得ないのである。両者はそれぞれ互いに相手の存在を前提にして，はじめて自らも存在することになり，その意味ではまさに

相互依存の関係にあると考えられる。したがって経営学においては，管理と組織についてどちらか一方だけを取り扱うのではなく，二つのものを互いに関係づけながら統一的に論じなければならない。

　さて，本書は経営学部の履修科目に配置された「マネジメント論」のテキストとして誕生したものである。そのマネジメント論という科目は，上述のような関係にある現代企業の管理と組織に焦点を当て，それについて科学的な考察を行なうことを課題としている。したがってその科目は，経営学部で学ぶ学生である以上，どうしても身につけるべき専門的な知識と能力を育てるという重要な役割を担うものであり，学部の全体的な履修科目のうちでも中心的な位置づけが与えられた科目である。そのように大事な意味を持つマネジメント論を効果的に学習するには，適切なテキストが必要なことは言うまでもない。これまで一日も早くテキストが作成されるよう待ち望まれてきたが，このたび関係する学部スタッフのご協力によって，ここにようやく日の目を見ることになった。本書の編集にあたっては，とくにテキストとして内容が分かりやすく，しかも手軽で使いやすいスタイルにしたいと考えた。そのため，できるだけ平易な文章で書かれた親しみやすい専門書，そのような特徴を持つように配慮した。そして本書は，駅のプラットホームで電車の待ち時間にページを繰り，またキャンパスまでのバスの中で吊革につかまりながら読む，そんな学生たちの姿をイメージして作られた。勉強は「時と所」を選ばない。いつでも，どこでも学習できるようなテキストこそ最高のものだ，そんなコンセプトから生まれたのが本書である。

　最後になるが，本書が誕生するまでには（株）ナカニシヤ出版による多大のご協力があったことを忘れてはならない。とりわけ編集作業を進める上でいろいろとご援助を頂いた宍倉由高氏には，心より感謝し厚くお礼を申し上げたい。

2009年2月

編者を代表して　田　中　照　純

目　次

はじめに　*i*

第 1 章　企業におけるマネジメントとは　　1

1　マネジメントの定義　1
(1)　なぜ管理は必要か　1
(2)　経営管理の主体と対象　2
(3)　経営管理の目的　4
(4)　経営管理の方法・手段　5

2　管理階層の形成　8
(1)　管理の幅と階層化　8
(2)　階層化の長所と短所　9
(3)　三つの管理階層　10
(4)　トップ・ダウンとボトム・アップ　12
(5)　管理階層の改革　13

3　マネジメントの機能とマネジメント・サイクル　15
(1)　経営とマネジメント（管理）　15
(2)　管理階層とマネジメントの機能　15
(3)　循環プロセス，サイクルとしてのマネジメントの機能　17
(4)　管理のサイクルをうまく回すには　19

第 2 章　マネジメント論の発展　　21

1　古典的理論の生成　21
(1)　テイラーの科学的管理法　21
(2)　ファヨールの管理過程論　23
(3)　官僚制組織論　26

2 ホーソン工場の実験と人間関係論　28

(1) ホーソン実験の概要と帰結　28
(2) 人間関係論の内容　31
(3) 人間関係論の成果と問題点　32

3 バーナードの組織均衡論　33

(1) 近代的組織論の生成　33
(2) なぜ人々は協働するのか　34
(3) 公式組織の成立 ―3要素の必要性―　35
(4) 組織の存続 ―有効性と能率―　36
(5) 管理者は何をすべきか ―管理職能の役割―　37
(6) バーナードに続く人々　38

4 人的資源管理の視点　40

(1) 自己実現人モデルとX理論・Y理論　40
(2) 二要因理論（動機づけ・衛生理論）　43

5 コンティンジェンシー理論　43

(1) コンティンジェンシー理論とは　43
(2) 環境とは　44
(3) バーンズとストーカーの研究 ―機械的組織と有機的組織―　45
(4) ローレンスとローシュの研究 ―分化と統合―　46

第3章　企業の組織と管理　49

1 管理組織の構造　49

(1) 職能制組織　49
(2) ライン・アンド・スタッフ組織　51
(3) 事業部制組織　54
(4) カンパニー制組織　57
(5) プロダクト・マネジャー制組織　59
(6) マトリックス組織　60

2 生産管理の実態　62

(1) フォード・システム　63
(2) トヨタ生産システム　66

第 4 章　組織行動とマネジメント　　73

1　ワーク・モチベーションとインセンティブ・システム　　73

(1) ワーク・モチベーションとは　　73
(2) 内容説　　73
(3) 過程説　　76
(4) インセンティブ・システム　　79

2　リーダーシップ理論の発展　　81

(1) リーダーシップの特性論　　82
(2) 行動アプローチ ―リーダーシップ行動の二つの次元―　　83
(3) コンティンジェンシー・アプローチ ―状況とリーダーシップ効果性―　　86
(4) 変革を起こすリーダーシップ　　89

3　リーダーシップ研究の近年の動向　　92

(1) モラルとリーダーシップ　　92
(2) IT の発達とリーダーシップ　　96
(3) 組織のグローバル化とリーダーシップ　　98

第 5 章　現代社会と企業経営　　101

1　環境マネジメント　　101

(1) 資源・エネルギー産業における環境 CSR　　102
(2) 業務部門における環境マネジメント ―グリーン IT―　　103
(3) 環境 CSR の評価指標　　105

2　CSR マネジメントの実践　　106

(1) CSR の台頭　　106
(2) 企業の二重性と「共生」の基本理念　　107
(3) CSR マネジメントの内容　　108
(4) CSR マネジメントの意義と方法　　111

3　マネジメントとコーポレート・ガバナンス　　112

(1) コーポレート・ガバナンスの起こり　　112
(2) コーポレート・ガバナンスにおける企業経営機構改革　　113
(3) 各国における企業経営機構の仕組み　　115

　　　　(4) 取締役会の形骸化　115

4　非正規雇用労働者とワーク・ライフ・バランス　116
　　　　(1) 非正規雇用労働者の拡大　116
　　　　(2) ワーク・ライフ・バランスの施策と企業評価　118

5　非営利組織におけるマネジメント　120
　　　　(1) 現代社会と非営利組織の発展　120
　　　　(2) 病院経営のマネジメント　121
　　　　(3) 病院経営のガバナンス　122
　　　　(4) 非営利組織の展望　125

第6章　現代企業のグローバル戦略　129

1　海外での企業活動　129

2　海外で活躍する日本企業　131

3　企業の国際化プロセス　132
　　　　(1) 第一局面：販売の国際化と輸出事業　134
　　　　(2) 第二局面：生産の一部の国際化　134
　　　　(3) 第三局面：生産のすべての国際化　135

4　多国籍企業と海外直接投資　136
　　　　(1) 海外直接投資のフォーム　137

5　多国籍企業のホスト国での戦略　141

6　グローバル戦略の展開　142

　　引用文献・参考文献一覧　145
　　事項索引　155
　　人名索引　157

1 企業におけるマネジメントとは

1 マネジメントの定義

(1) なぜ管理は必要か

　一般にどのような組織にもマネジメントという活動が必要であり，もちろん企業という組織もその例外ではない。本来，マネジメントという言葉は，あらゆる組織において人間が行なう特定の活動ないし機能を意味しているが，それはふつう日本語で「管理」というように訳される。そこで本章では，基本的にマネジメントを管理という言葉に置き換えて論述し，しかも企業という特殊な組織での管理という意味で論じていくことにする。

　さて企業はもちろん，そのほか病院，学校，軍隊，宗教団体そして自治体など，およそ考え得るどのような組織にも，その内部には必ず管理という活動あるいは現象が見出せる。もともと組織とは，ある共通の目的を達成するために集まった人々が，互いに協力し合って活動する協働体である。そうした協働体の内部には必然的に一定の分業体系が形成され，組織を構成する人々はその分業体系のもとで分割された部分的な仕事を遂行している。しかし，そのような組織を構成するメンバーが行なう個別的な諸作業は，分割され切り離されたままバラバラの状態で行なわれたのでは意味がない。組織構成員によるそれぞれの仕事は，それらが全体的に一つのものに統合

されることによってはじめて共通目的が達成され，協働体の活動としても意味を持つことになる。そうして組織内で協働する人々の個別的な諸作業を全体的に調整し，一つのものにまとめ上げる活動が必要であり，それこそが管理という活動にほかならない。その管理という活動は，オーケストラが演奏する際に，すべてのメンバーによる個別的な演奏を，全体として一つの曲に統合するのに必要な指揮者の活動と同じである。オーケストラが良い演奏をしたいという目的を達成するには，各パートに細分化されたすべてのメンバーから相対的に独立した指揮者が必要となり，彼が演奏全体を調整して一つの曲目に仕上げる，という管理の活動を担うのである。それと同様に，企業という組織においても，分業体系のもとで細分化された人々の諸作業を，全体的に調整して統一的な仕事にまとめる管理活動が必要である。そこで次に，そのような企業という特殊な組織における管理の活動について，さらに詳しく考察してみることにしよう。

(2) 経営管理の主体と対象

一般的な意味での組織ではなく，企業という特別な組織における管理について考えていく場合，それは単に管理という言葉だけでなく経営管理という用語でも表現される。したがって，ここではそのような意味を持つ管理ないし経営管理について，はたして誰が主体となって管理活動を遂行していくのか，またその管理という活動の作用を受ける対象は一体誰なのかを考えてみたい。

もともと企業という組織は，現代社会の中で必要な物財・サービスの生産や流通といった経済的機能を担っているが，経営管理はそうした企業の基本的な機能を円滑に遂行するために存在する。企業は経営管理という活動をとおしてはじめて自らの経済的機能を効果的に果たしていくのである。では，そうした企業の管理という活動

は，具体的には誰によって遂行されるのだろう。そうした問いかけに答えるには，管理という活動それ自体についてさらに検討を加えていく必要がある。もともと管理とは，「組織のなかで共通の目的を達成するために，他の人々に働きかけて協働へと導いていく活動である」と考えられる。しかもその場合，他人への働きかけの内容は単なる働きかけを意味するものではない。それは，管理という活動を遂行するために，主体による「指揮・統制」という性格を持つ。したがって，管理をする主体となる人間の側から，管理を受ける対象となる人間の側へと，一定の強制力を持った働きかけということになる。また，そうした働きかけをとおして，他の人々に仕事をさせることによって，企業という組織は目指している目的を達成できるのである。

　では，そうした「指揮・統制」という機能を発揮する経営管理に関して，その主体ならびに対象となるのは一体誰なのか。まず経営管理の主体は，企業という組織を所有する側の資本家ということになる。もともと，資本主義企業においてその支配者は資本を直接的に所有する資本家であり，そうした支配者である資本家こそが同時に管理活動を遂行する主体の地位を獲得する。資本家が持つ支配者としての地位と権限は，経営管理の主体としての職能と活動をとおして発揮される。だが，大規模化した現代企業の場合，いわゆる「資本所有の分散化」や「所有と経営の分離」といった現象が進展するなかで，資本家の支配力と管理権限は経営者といわれる特定の階層へ次第に譲り渡されていく。企業社会のなかでいわゆる「経営者支配」という現象が一般化するにつれて，経営管理の主体という地位と職能も経営者層に委譲されることになる。そして，現代企業の経営者は経営管理という活動を担うために，豊富な専門的知識と能力を身につけ，資本家から委託された経営管理の主体としての役割を果たしていく。このように現代企業に特徴的な階層として，いわ

ゆる専門経営者が登場し，彼らが資本家に代わって与えられた管理の権限と機能を発揮するのである。

では，そのように一方では専門経営者が経営管理の主体になることを確認したうえで，他方でその主体から指揮・統制の働きかけを受ける対象は一体誰になるのか。言うまでもなく，そうした経営管理の対象は，企業によって雇用され企業組織の構成員として働く一般の労働者にほかならない。企業のなかで自己の精神的・肉体的な能力を発揮しながら労働を提供する労働者は，経営者の指揮・統制のもとで与えられた仕事や作業を遂行する従業員でもある。そうした労働者ないし従業員は，企業内で自己の労働力を消費しながら仕事を行ない，それと引き換えに対価として賃金を獲得する。さらに，その所得を自らの生活に投下して消費してしまった労働力を再生産する。そこには，労働者側からの労働提供と経営者側からの賃金支払いという行為を媒介にして，資本主義的な労使関係が形成される。そうした労使関係を基礎にして，実際の企業現場において毎日の労働過程が遂行されていく。その労働過程では，経営管理の主体である経営者側からの指揮・統制という機能に支配力があり，管理の対象である労働者はその指揮・統制に従わなければならない。では次に，実際の労働過程において一体どのような目的を持って，またどのような方法で経営者の管理職能が遂行されるのかを考えてみよう。

(3) 経営管理の目的

経営管理は一体何のために行なわれるのか，それが経営者という人間によって実行される活動である以上，必ず何らかの目的を持って繰り広げられるに違いない。前述のように，もともと経営管理とは「企業内部で他の人々に働きかけて仕事をさせる活動」であり，したがってそれが同時に経営管理の目的を物語っていると考えられる。しかし，そのような規定はあまりにも一般的なものであり，な

ぜ他の人々に働きかけて仕事をさせる必要があるのか，という疑問には答えられない。そこで経営管理の目的について，それをもはや自明のこととするのではなく，あらためて問い直してみる必要がある。

　本来，経営管理は企業という組織が自らの活動を円滑に遂行するために，なくてはならない言わば必然的な活動として位置づけられる。また，その際の企業とは資本主義という特定の経済社会のもとで活動する資本主義企業であり，そのため，経営管理の目的もそうした資本主義企業の運動を規定している根本的な目的にまで立ち返って考えなければならない。では，そうした資本主義企業の運動を根本から規定している目的とは何か，それは言うまでもなく可能な限り多くの利潤を獲得することにほかならない。そのため，経営管理にとって企業自体の目的である利潤追求こそが最も深部にある目的であり，それに規定されながら経営者の管理活動も行なわれている。したがって，実際に展開される経営管理の具体的な方策も，最終的には利潤追求という企業目的に役立つ限りでのみ実行されることになる。もちろん，現実の企業内部で繰り広げられている経営管理の方策が，すべて利潤追求という目的に適ったものばかりだという保障はない。そこで実際の企業経営においては，利潤を高めるためにつねに改良と改善を重ねながら経営管理が行なわれていくことになる。

(4) 経営管理の方法・手段

　もともと経営管理という活動は，管理の対象である労働者を指揮・統制して仕事をさせるという機能を持っているが，その管理機能は一体どのような方法で実践されるのだろう。経営管理の方法を考える場合，それは管理対象である労働者の特性を十分に考慮し，その特性に応じた方法を導き出すことが重要である。もし，労働者

の特性を無視してそれに対応しないような方法をいくら実行したとしても，その方法は経営管理の活動には役立たず無駄に終わってしまう。では，そうして経営管理の方法を規定するような労働者が持つ特性とは何か。最も重要な特性を意味するものとして，①労働意欲，②労働能力，③労働者人格，といった三つのキーワードを挙げることができる。

まず，第1の労働意欲という特性に対しては，管理対象になる労働者の働きたいという意欲をいかにして高めるのか，という管理方法が必要となる。労働者は自らの労働意欲を高揚させることに関心を抱き，また強い意欲を持って積極的に仕事に取り組みたいという欲求を持っている。企業のなかで自らの労働力を発揮して仕事を遂行し，優れた成果を生み出すことに働きがいを感じたいと思っている。そのような労働者に対して，つねに高い労働意欲を喚起するのに一体どのような経営管理上の方策があるのか。そのためには，多様な仕事への動機づけ（モチベーション）の方策を施す必要がある。そこで，労働者のモチベーションを高めるには，様々な刺激（インセンティブ）を与えるという手段が効果を発揮する。そのようなインセンティブを与えるための具体的な手段として，報奨金や手当てなどの金銭的・物質的な刺激，あるいは顕彰や昇進といった非物質的な刺激，さらには仕事内容そのものを労働者が自己実現できるようなものに改善して，労働者のモラールを高めるという手段も有効である。

次に，第2の労働能力という特性に関してはどうか。労働者は自らの能力を向上させたいという欲求を強く持っており，そうした労働能力の向上を可能にするような経営管理の方法が重要となる。仕事を遂行するのに不可欠であり，またより一層質の高い仕事するために必要な技能や知識を身につけ，さらには高度な専門的能力として評価するための資格を取得させる方策を講じなければならない。

そのためには，特別に教育・訓練の計画を立て，労働者に対してそれを集中的に実施し，効果が上がるようにしなければならない。また，実際の職場でのOJTや職場外での研修制度を充実させ，そのなかで時間をかけて能力の向上を図る手法も重要である。そうして様々な経営管理の方法と手段の実行をとおして，労働者はより高度な専門上の技能や資格を身につけることができ，それによって彼らは自信を持って仕事に邁進できるのである。その結果，より一層すぐれた成果を生み出すことが可能となり，それがまた刺激となって労働者の能力向上を促していくのである。

　そして最後に，第3の労働者人格という特性については，それを最大限に尊重するという方法が重要な意味を持つことになる。もちろん，労働者はすべて人間としての基本的な人格を有しており，それを大事にしたいという欲求を持っている。したがって，経営管理はそうした労働者の人格を何より大切なものとして尊重するような方法で対応しなければならない。そのためには，労働者の人権を軽視することなく，積極的に擁護していくような経営管理の方策を実施する必要がある。それは，例えば過剰な残業や休日出勤などの規制によって長時間労働を抑制し，あるいは労働者の精神と肉体を蝕むような過酷な重労働や労働ノルマを廃止し，さらには上部からの不当な圧力のない自由で明るい雰囲気を持った職場をつくる，などの施策によって可能となるだろう。近年，まだまだ絶えることなく過労死や過労自殺が発生し，また職場での上司から部下へのいじめによるメンタルヘルス問題が注目を集めているなかで，今こそ経営管理が労働者の人格を尊重するために様々な施策を打ち出さなければならない。もっとも，この労働者人格を尊重するという経営管理の方法は，それ自体として必ずしも利潤追求という目的にとって促進的な作用を及ぼすわけではない。しかし，他の生産管理や財務管理などが「モノやカネ」を取り扱うのとは違って，経営管理は労働

者という生きた「ヒト」を対象にした管理である，という特徴を持っている。そのような「ヒト」としての労働者は，誰もが必ず自己の意思や感情を持っており，それを無視したのでは有効な経営管理も実行できない。労働者の人格を尊重し，また彼らの人権を擁護するような経営管理こそが，企業のコンプライアンスや社会的責任（CSR）を実行するものとして，社会から厚い信頼を獲得し高い評価を得るための源泉となる。

2　管理階層の形成

(1) 管理の幅と階層化

　では，実際に活動している企業組織のなかで，経営管理は一体どのように行なわれているのだろう。経営管理の主体である経営者は，企業を構成する全従業員を対象にして指揮・統制の管理機能を発揮しなければならないが，それは企業規模が大きくなり従業員の数が増大するにつれて困難となる。なぜなら，いくら管理についての専門的な知識や能力を有する優れた経営者であっても，それを実際に発揮する場合には，おのずと技術的な限界があるからである。そのため，経営者が主体となって繰り広げられる経営管理には，必ずいくつかの階層の形成が必要になってくる。そのような経営管理の階層化をもたらす原因として指摘されるもの，それが「管理の幅」（span of control）にほかならない。いわゆる管理の幅は管理の限界とも言われるが，それは実際に企業のなかで管理を行なっていく場合に，一人の管理者（上司）が指揮・統制できる被管理者（部下）の人数には限界がある，ということである。言い換えれば，それは最も効率的な管理を行なうのに適した人数の範囲ないし規模を意味している。そのような管理の幅という原理を適用すると，企業組織は次第に上部から下部へと管理権限が委譲されるに伴って階層化さ

れていき，それらの階層が積み重なり全体としてピラミッド型の組織構造を形づくることになる。こうして管理の幅という原理によって行なわれる階層化は，もちろん企業規模の大小によって階層数が異なってくるが，その階層全体は大きく最上部の最高管理層（トップ・マネジメント），その次の段階として中間管理層（ミドル・マネジメント），そして最下部に下級管理層（ロワー・マネジメント）という三つの階層に区分される。それぞれの階層ごとに管理機能の内容が異なるために管理の幅（限界）も違ってくるが，一般にトップは2，3人程度，ミドルは5，6人程度，さらにロワーは10人程度と言われるが，それは必ずしも絶対的なものではない。

(2) 階層化の長所と短所

　こうして経営管理の構造が階層化され，企業組織の上から下へといくつかの階層が形成されていく。しかし，実際に企業全体を管理し運営する際には，階層化の長所と短所が生まれることになる。そこで，相反する両者の内容について具体的に考えてみよう。

　まず，階層化が持つ第1の長所とは，最高位にいる経営者の仕事が多数の従業員に対する管理という仕事から解放され，企業全体にとって最も重要な戦略的事項の決定と執行に専念できるということである。階層化の進展によって，企業構成員を管理するという仕事が中間から以下の管理者層に権限委譲され，その結果として社長や会長といった経営トップは，本来的に彼らが果たすべき事業全体の戦略的な事項を決定する課題に全力を上げることができる。次に階層化がもたらす第2の長所として，経営管理の権限と責任が次第に下部の管理者層へ委譲されることによって，彼らの仕事に対する意欲と能力が高まっていくことになる。経営トップから委任されて従業員を直接的に指揮・統制する権限を持つ中間・下級の管理者層は，その活動を展開するために必要な意欲と能力を向上させるよう動機

づけられる。また，彼らはそれによって自らの企業に対する帰属意識と忠誠心を高めるよう刺激を受けることになる。

　だが，以上のような長所が考えられると同時に，他方で階層化には短所があることも忘れてはならない。それは第1に，階層化に伴って企業全体に関わる重要事項の意思決定と執行が遅くなるという問題である。管理の階層が増加してピラミッド型の企業組織が縦に長くなることによって，トップから下部への情報伝達の経路も拡張され，それによって企業全体をめぐる意思決定の迅速性と正確性が損なわれる。また，階層化に伴う第2の短所として，管理職位と管理者数の増大という問題がある。階層化が進めばおのずと管理活動を行なうための職位も増え，それを担う管理者が余計に必要となる。そのため部・課の数が膨らみ，部長や課長といった職位の管理者が増大することになる。そうした傾向は，組織形態の簡素化に逆行するばかりでなく，コスト低減にも反するものとして企業全体の負担を増やしてしまうのである。

　以上のように長所と短所の両面を持った経営管理の階層化であるが，それは現代企業のように大規模な企業組織にとって避けることのできない必然的なものである。したがって，多様な事業を展開する個別企業の特質に応じた独自の階層を形成し，上述のような階層化のメリットを十分活かしながら，できる限りデメリットを少なくするような組織形態を設計することが，今後の企業経営にとって重要な課題となってくる。

(3) 三つの管理階層

　こうして，一般に企業組織は大きく三つの管理階層に区分されるが，各階層は管理上の共通した性格を持ちながらも，それぞれ独自の内容によって特徴づけられる。まず，一つ目の管理階層は最も上部に位置する「トップ・マネジメント」(top management) である

が，それは企業において最高の権限と責任を有する階層であり，いわゆる会長や社長さらには取締役といった職位の人々によって担われる最高経営層のことである。この階層に属するのは，第1に取締役会という機関を構成する専務や常務などの役付き取締役，ならびにその他一般の取締役であり，株主総会で選出され委任を受けた受託経営層とも呼ばれる。彼らは取締役会での議論をとおして，企業全体の経営目標や基本方針を決定するという機能を担っている。また第2に，トップ・マネジメントは会長や社長などの職位の人々によって担われ，彼らは全般経営層とも呼ばれ，取締役会で選出された代表取締役として，決められた経営目標や基本方針を執行するという役割を果たす。そして第3に，取締役でありながら同時に生産や販売などの部門業務に責任を持つ製造部長や営業部長など，そうした部門管理者もこの階層に含まれる場合がある。こうしてトップ・マネジメントは，代表取締役や部門取締役という経営執行の役割を果たす人々も含むような取締役会が中心となって活動する階層である。しかし，我が国の多くの企業では，常務会や経営委員会といった会社法では規定されていない機関が常設されており，それらの機関が取締役会に代わって実質的にその機能を担っている。そのことが，いわゆる取締役会の無機能化をもたらす一つの原因だとも言われている。

次に，二つ目の管理階層として「ミドル・マネジメント」(middle management) がある。これは文字どおりトップとロワーの間に位置する中間管理層のことであり，具体的には部長や課長などの職位がそれに当たる。この階層に属する管理者は，トップ・マネジメントで決められた経営目標や基本方針を受けて，それらを製造・販売・財務など各種の職能部門内で実行するための部門計画を立案し，その計画に沿って実際に業務執行していく役割も担う。この中間管理層は，トップ・マネジメントとロワー・マネジメントの間に位置

しているため，上部から下部への意思伝達を正確かつ迅速に行なうだけでなく，両者から提起される要求や意見を調整して円滑に目標と計画が達成されるようにする，といった重要な役割を担っている。時には上位と下位の両階層の板挟みになって，いわゆる中間管理者の苦悩や悲哀を味わうことにもなる。そして，ある時にはその役割が重視されて部長・課長の下に次長や課長代理などの職位が置かれたり，また，ある時には逆にその役割が軽視されて，部課制の廃止といった状況を生み出すこともある。したがって，企業が組織改革を行なう際にしばしば焦点になるのがこの階層である。

　最後に，三つ目の階層として「ロワー・マネジメント」（lower management）が挙げられる。これは企業の工場や事務所で働く一般の労働者を直接的に管理する下級管理層と言われる階層であり，この階層を担う人々は係長や主任，あるいは職長などの職位で呼ばれることが多い。彼らは日常業務の日程計画を立て，それを実行するのに必要な要員を確保し，さらに実際の製造や販売の現場で労働者の作業を指揮し監督する。また，通常は工場やオフィスで労働者と協力して作業を行ない，一般労働者としての役割も演じることになる。そのため，一方ではトップやミドルの管理者と同じように人々を指揮・統制する経営管理者という性格を持つと同時に，他方では中間管理者から管理されながら，現場の作業者と同じように部分労働を担う一般労働者の性格も有するという，言わば二重の性格に彩られた階層と規定することができる。

(4) トップ・ダウンとボトム・アップ

　以上のような経営管理の諸階層は，決して別々に切り離された状態で存在するのではなく，互いに密接に関連しながらそれぞれの機能を発揮している。そうしたいくつかの管理階層を互いに結びつける紐帯としての役割を演じるもの，それこそが各階層ごとに行なわ

れる意思決定に他ならない。例えば最高経営層で行われた意思決定は，次第に下部の階層へと正確かつ迅速に伝達され，そしてその意思決定の内容が最終的に末端の一般労働者まで達し，その段階で実行に移されてはじめて意味を持つことになる。そのように，最上位のトップ・マネジメントから最末端の労働者までの諸階層が，上から下まで一本の意思決定によって貫かれるような上意下達の管理方式が考えられる。その場合，それは一般にトップ・ダウン型の経営管理と表現され，上位の階層が打ち出した経営目標や基本方針が間違いなく迅速に下部に伝達され実行される，という長所を持った方式と言われている。だが，そうした長所を持つ反面，下部の意見や主張を無視してしまう傾向がある，といった短所も指摘されることが多い。そこで，そうした短所を補う方式として，トップ・ダウンとは逆に下部の階層で計画され立案されたことが次第に上部の階層へと伝達され，やがて最高経営層のところで最終的な決定が下されるという，下から上への意思決定の流れが発生する。これは言わば下意上達の経営管理の方式であり，まさにボトム・アップ型の意思決定として認識されている。この方式が実践されることによって，下部の階層にいる人々にも正しい情報が伝達され，また多くの組織メンバーの間に理解が広まり，決定された計画や方針が円滑に執行されることになる。このようにして現実の企業においては，トップからロワーまでの管理階層を意思決定の方向が上下に交差して経営が行なわれている。そして，トップ・ダウン型とボトム・アップ型の両方の方式が，互いに長所を活かし短所を補い合って経営管理のうちに実践されることになる。

(5) 管理階層の改革

　以上のように，一般的には大きく三段階のピラミッド型をした管理階層が形成されるが，現実の経営組織においてその具体的な形態

は企業ごとに異なった様相を示している。すなわち，同じようにピラミッド型といっても，トップからボトムまで縦に長い背高のトール型もあれば，逆に横幅が広くてトップからボトムまでの間隔が短い平板なフラット型もある。そのように典型的な形態として「トール型かフラット型か」と表現される階層構造の形態だが，それは企業規模の大小や製品種類の多寡など様々な要因によって決まってくる。もちろん，トップからボトムまでの中間で階層が多いと，最高経営層からの意思決定の伝達が遅れたり，管理コストが増大したり，さらには日常的なコミュニケーションが不足するなどの弊害が発生する。こうした問題を解決するには，思い切った管理階層の削減が必要になるが，そのためにトール型組織からフラット型組織への移行という組織改革が行なわれたりする。特にミドル・マネジメントのあり方が注目を浴び，それを改革するものとして部課制の廃止といった方策も考えられる。だが，単純にミドル・マネジメントを削減すればよいというものではなく，その存在意義を明確にして役割を見直すことによって前述のような問題を解決することの方が重要である。ミドル・マネジメントは，企業トップと下級管理者との間にあって両者を結ぶパイプの役割を果たすだけでなく，トップの意思決定に基づいて自らが管理する部門内で自主的な目標や行動計画を立て，責任を持ってそれを実践していかなければならない。また，企業トップから委譲された権限を最大限に活用して，実施段階で発生する様々な問題を解決するために全力を上げて取り組まなければならない。企業トップからの指示を受けてはじめて行動するのではなく，積極的に自ら考え行動するミドル・マネジメントでなければならない。

3 マネジメントの機能とマネジメント・サイクル

(1) 経営とマネジメント（管理）

　企業においては，例えば製造企業で見ると，研究開発，生産準備，製造，購買，販売，人事，財務など様々な活動が展開され，それぞれの部門が存在しており，それらの個々の活動，部門においても，また全体としてもマネジメント業務が見られる。マネジメントは日本語では経営または管理と訳されるが，マネジメントの機能を明確にするには，まず両者の区分が大切である。

　経営とは，企業目標を決め，利用し得るあらゆる資源から，できるだけ多くの利益を上げるよう努力しながら，企業活動をその目標に向けて導くことであり，企業活動を構成する様々な活動の円滑な遂行を確保する総体的機能である。具体的に述べると，経営とは，組織の維持と発展のための経営戦略を策定し，経営の目標を中長期の経営計画などの形で示し，設備・機械などを購入し，人々を雇用してその実現に必要な業務を行なわせるものである。

　それに対し管理は，それらの活動の全般的計画を作成し，組織をつくり，諸活動の調整と調和を図るものである。管理は，生産，販売などの各企業活動における実務とは質的に異なり，実務を直接担当するのでなく，解決すべき課題を設定し，その解決のために，どのような結果をどのような方法で達成するのかを計画することから始まり，経営の目標を効果的かつ効率的に実現するために，組織の日々の作業活動を方向づけ統制する多面的な活動である。

(2) 管理階層とマネジメントの機能

　管理階層の各内容については，すでに前節で明らかにされているので，ここでは管理階層とマネジメントの機能との関連を述べる。マネジメントの機能は企業の組織が大きいほど分化し，階層化する。

そして管理階層が上がるにつれてマネジメントの機能の比重と重要性は増す。

マネジメントの機能は，経営の戦略や目標の実現を図るために，企業全体としての業務を方向づけ統制する全般管理，企業部門内の業務を方向づけ統制する部門管理，そして作業活動を直接的に指揮・監督する現場管理に階層分化される。そして，全般管理を担う管理者層をトップ・マネジメント，部門管理を担うのはミドル・マネジメント，現場管理を担うのはロワー・マネジメントと言われている。

トップ・マネジメントは最高経営層または最高管理機能とも呼ばれ，日本の株式会社ではふつう，トップ・マネジメントの機能である全般的管理は取締役会のメンバーで担われている。このため，トップ・マネジメントのことを経営者と呼んだり，全般管理活動のことを経営と呼んだりすることが多い。トップ・マネジメントの機能として，①見通しのある計画化と目標の明確化，②正確な組織化計画，③すべての重要役職に関する的確な人事，④有効な統制効果，などが挙げられるが，今日におけるトップ・マネジメント機能は，戦略的意思決定に限定すると次のようになる。すなわち①資本調達・投資決定・利益処分，②最高首脳人事と労使関係管理，③生産（製品）品目・数量および価格などマーケティング，④事業構成の選択，⑤以上に関係する対外的問題（合併・解散・撤退・関係会社の新設），などがその内容である。

一般に日本の企業では，ミドル・マネジメントに相当する役職は部長や課長であり，これら管理者層は時に中間管理者と呼ばれる。ロワー・マネジメントに相当するのは，係長，主任，作業長などの役職を担う人々であり，これらの人々は監督者と言われることがある。

マネジメントを担う人々が管理者（マネジャー：manager）であ

り，管理者という名の人々が行なっている業務がマネジメントであるので，次のドラッカーの記述はマネジメントの機能をよく示している。

> マネジャーの仕事は5つの基本要素からなる。それらの歩調が揃うと，さまざまな経営資源がひとつにまとまり，生命体のように成長していくのだ。
> 　マネジャーの第1の仕事は，目標設定である。まず，大枠の目標を決め，そのそれぞれについて具体的な中身を詰め，達成に向けてなすべきことを見きわめる。そのうえで，成果をあげてほしい相手に目標を伝え，目標が達成される方向へと導いていく。
> 　第2に，マネジャーは組織を取りまとめる。必要な活動，判断，関係性などを掘り下げ，仕事の分類を行う。仕事を，マネジメントできそうな活動に分類し，各活動をさらに，マネジメント可能な職務へと細かく分けていく。これらの活動や職務をもとに組織を作り，活動や職務のマネジメントを任せる人材を選ぶ。
> 　第3に，マネジャーは部下の動機づけとコミュニケーションを担う。さまざまな職務に責任を負う人々を，チーム別に編成する。これは実務のなかで，部下たちとの関係をとおして行い，その際には，報酬，配置，昇進など人事的な判断をも下す。部下，上司，同僚などと絶えず双方向のコミュニケーションを図ることも欠かせない。
> 　第4に，業績評価がある。マネジャーは評価尺度を設けるわけだが，これは，組織とそこに属するひとりひとりの業績にとって，きわめて大きな意味を持つ。マネジャーはまた，部下のひとりひとりに，全社の業績と各自の成果を測り，成果をあげやすくするための尺度を与える。成果の分析，評価，解釈を行い，尺度の意味合いや測定結果を部下，上司，同僚などに伝える。
> 　第5に，マネジャーは人材の育成に取り組む。ここには自身の能力開発も含まれる（ドラッカー，2008, pp.61-62）。

(3) 循環プロセス，サイクルとしてのマネジメントの機能

　経営学の管理概念は，企業組織と関連して，一定の目的のために，計画に沿って，指揮・監督し，人々の協働作業を実現させ，評価するということが中心的な内容であるので，マネジメントの機能は一

般的に「計画，組織化，指揮，調整，統制」などという複数の要素から成立し，一つの連続的に進行する循環プロセスとして把握される。

計画とは，経営についてのこれからを研究・予測する行為であり，例えば，予算・財務計画といったものである。計画ではビジョン，戦略に基づいて実現計画を立案する。実現計画では，目的，評価指標（達成目標），仕事の配分，スケジュールなどが明確にされなければならない。

組織化とは，仕事の分業，協業の仕組みとしての組織やシステムづくりや人員配置，動機づけである。目的の実行のために活動や職務をもとに組織をつくり，人材を配置する。さらに仕事に従事する従業員の仕事への意欲，コミットメントを高める方策を講じながら業務を遂行し実行する。

指揮とは，従業員が自分の仕事を遂行するように指示・配慮することである。

調整とは，経営におけるすべての活動を調和させ，統合するものである。

統制とは，最初の計画が実行されているか，あらかじめ定められた基準が守られているかを監視・評価し，計画とずれが生じていれば行動の修正・調整の対応を行なう。方策・手段の実行度や効果（成果）を把握し，課題を共有して次の計画とマネジメント・サイクルへ反映させる。

このプロセスの中で，どの要素を重視するか，また管理主体が管理問題と対応策をどう見るかによって，どのような管理要素を含めるかは変わってくるが，マネジメントのプロセスは，大きく「Plan（計画），Do（指揮，実行），See（評価，統制）」に統合され，P → D → Sの循環プロセスを形成している。このプロセスはマネジメント・サイクル（PDSサイクル）と呼ばれている。また評価の

プロセスを Check（評価）と Action（対応行動）に二分して PDCA サイクルとも呼ばれている。計画を立て（Plan），それに従って実行させ（Do），その結果が計画どおりであるか否かを事実（データ）に基づいて調べ（Check or See），もし計画どおりでなければ，その原因を追求し除去する手段や処置（Action）をとる，一連のサイクルである。

(4) 管理のサイクルをうまく回すには

　管理は，このマネジメント・サイクルを回すことでもあり，このサイクルを円滑に回すためには，まず，計画の設定，すなわち達成すべき目標およびそれに関連する方針の決定が，その前提条件である。具体的には，管理対象，管理目的の明確化，目的達成のための方策の決定（設定された目的が達成されるように，だれが，どこで，なにを，いつ，どのようにすべきかを決める）が，明確に提示されなければならない。計画（Plan）の役割は，管理の出発点として，企業組織が向かうべき目標を示し，それを具体的に提示することである。この計画の提示によって，協働体系としての企業の統一的な活動が保証される。

　他方，統制は，企業における実際の業績の計画に，できるだけ合致せしめるような一連の活動を指している。計画と統制との関係は，基本的には計画段階で立てられた仕事の目標を統制段階で評価して，業績ができるだけ目標に近づくようにすることを内容としている。計画と統制との間の指揮・執行では，より効果的な計画実現のために，命令，指導，動機づけなどの要素も含まれており，自発的な協力も得た協働作業を組織することが課題である。

　さらに，計画どおり進行し，計画の目標が達成されるよう，様々な策をとるだけでなく，管理のサイクルの繰り返しの中から得られる，組織諸階層の知識・知恵，および市場からのクレームや要求な

どを取り入れながら，様々な改善活動（原因の究明，対策，再発防止策など）を展開し，それにより管理の水準を全体的に向上させていくことも重要である。

以上の点を簡単に図示すると次のようになる。

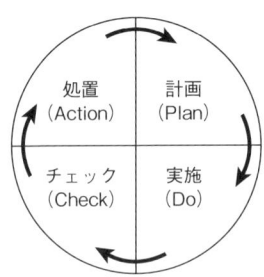

1. Plan（計画）……… 目的，目標を決める。目標を達成するための仕組み，方策を考える。
2. Do（実施）………… 教育，訓練を行なう。計画に沿って実施する。
3. Check（チェック）… 計画と実績，実情を比較する。問題点を探り，要因を明らかにする。
4. Action（処置）…… 緊急対策をとる。分析を行ない，再発防止策を決める。標準化し，組織全体のものとする。

図1.1　管理のサイクル（筆者作成）

2 マネジメント論の発展

1 古典的理論の生成

　古典的理論は，組織を「権限と責任の体系」「仕事を達成するための手段」として，合理的な分業体制としての職能構造と捉える組織観であり，公式組織のみを扱う。ここで紹介するテイラーの科学的管理，ファヨールの管理過程論が古典的理論の中心であり，組織機構を論じたウェーバーの官僚制組織論も含まれる。

(1) テイラーの科学的管理法

　1) テイラーとその時代　科学的管理法はテイラー（Taylor, F. W. 1856〜1915）により創案された管理の手法である。テイラーは，1856年に当時のアメリカ工業の中心地であるフィラデルフィアに生まれた。当時のアメリカは，南北戦争における北部諸州の勝利によって広範な全国市場へと統一され，急激な工業化が進展し，大量生産への移行（例えば銃器生産）も始まっていた。工業労働者の半数以上は移民後まもない労働者から構成されており，労働力の量と質の確保は工業生産にとって大きな問題となっていた。工業化に対応した新たな管理思想・システムが求められていた。テイラーは，ミッドベール製鋼所に入社し，32歳の時，技師長となる。そこで現場における組織的怠業，職長の抵抗に遭遇し，その状況を克服する

ためには，科学的根拠に基づいた客観的な管理方法が必要であることを痛感した。様々な実践と研究を重ねて，課業管理を中心とする科学的管理を考案し，多くの個別的諸要素からなる経営管理の体系を提起した。

2) 課業に基づく管理　テイラーは作業の遂行を作業者，また職長に広く委ねるという，当時一般的に普及していた工場作業の方法（成行管理）に反対し，そのもとで蔓延していた労働者の組織的怠業（労働者による作業速度の制限，生産高規制）の克服を課題とした。彼は，抵抗の根拠を作業者に与えないために，それまで作業者が独占し，長く受け継いできた彼らの知識のすべてを収集し，その知識から規則，法則，公式を考案し，一つの科学を構築しようとした。

課業の決定と実施のために，まず時間・動作研究によって標準の作業方法と1日の「公正な」作業量（課業）を決定し，それを達成する方法を作業者に教育・指示した。具体的には，工場全般の管理を行なうために，計画部門を設置し，作業指図票を運用した。計画部門は，作業の計画を行なう部門であり，作業や工程の計画が行なわれる。この部門の設立の重要な点は，労働者から計画という職能を切り離したことである。すなわち，労働者は計画部によってつくられた指図票に従って，執行職能のみを担当することになるのである。さらに，現場の管理を担当する職能別職長制度*の採用，差別

---

*) 職長の裁量をそれぞれの専門（職能）の範囲に限り，各職長が特定の管理機能を担当する制度。テイラーは，職長の機能を大きく計画機能と執行機能に分け，それぞれを四つ合計八つの職能に分類した。計画機能としては，①手順係，②指図票係，③時間原価係，④工場規律係，執行機能としては，⑤準備係，⑥速度係，⑦検査係，⑧修理係である。これによってグループごとのバラツキがなくなり，組織全体として標準化が達成された。しかし，この職能別職長制度では命令の一元化が確保されないため，組織活動において混乱が見られた。

的出来高賃金の適用（差別的出来高払い制度とは，決定された標準作業量を達成した作業者には割増賃金を支払い，標準作業量を達成できなかった作業者には，罰則的に低い賃率を当てはめた賃金を支払うという制度）によって，生産を経営者の主導で，合理的かつ組織的に遂行しようとした。

3）科学的管理法の特徴　第1に，科学的分析による唯一最善の作業方法を発見し，それを基準とする作業標準を設定する標準化原理，第2に，作業者一人ひとりを特定の限られた職能に割り当て，作業の効率化をねらう職能化原理，第3に計画と執行を分離する「構想と実行」の分離である。テイラーの科学的管理法は，労働者の人間的側面を軽視した点で欠点を持ち，実際に工場管理に適用されると，労働強化の手段として利用され，労働者・労働組合の反発を招くことになった。しかし，それまでの経験や勘に基づいた成行管理に代わって，管理上の諸問題の解決に科学的にアプローチしたもので，管理に科学性を与え，近代的管理論の基礎を築いた。科学的管理法の展開と批判を通じて，アメリカ経営学は発展してきたとも言われている。

(2) ファヨールの管理過程論

テイラーの科学的管理法は，合理的な作業遂行を求めて作業の分析と管理機構の提言を行なった。これに対しファヨール（Fayol, H. 1841〜1925）は，経営実践の体験から企業が果たすべき活動を分析することによって管理職能の重要性を指摘し，経営過程における管理の独自性とその遂行のための原則を提示して，近代的経営管理論の基礎をつくった。ファヨールは，鉱山技師から社長になった実務家で，企業経営者の体験に基づいて『産業並びに一般の管理』（1916年）を著している。彼の管理論は全般管理論の発端と言われているが，経営と管理の区分，管理職能の特質，管理職能と他の職能との

関連を述べ，経営者から見た全般的な管理を提唱した。さらに管理とは「計画，組織化，指揮，調整，統制」の5要素から構成され，この順序に従って遂行されるとし，そのプロセスとサイクルの繰り返しの重要性を明らかにした。それゆえ，ファヨールは管理過程論の始祖と言われている。

1）管理職能と全般管理　テイラーの科学的管理法は，工場または作業レベルの視点からの管理論であったが，ファヨールの管理論は企業のトップ・マネジャーとしての体験と観察に基づいて体系づけられているもので，全般管理論として特質づけられている（『産業並びに一般の管理』の英訳は1929年になされており，米国で普及したのは1949年になってからという。アメリカの経営管理学は，ファヨールの全般管理論を吸収して大きな発達を遂げたと言われている）。

彼は，まず企業の経営には以下に示す六つの職能が必ず存在するとし，その職能の中で管理を定義づけている。

①技術職能：製造，加工（今日の生産部門の職能）
②商業職能：購買，販売（今日の購買部門，営業部門の職能）
③財務職能：資本の調達と最適運用（今日の経理部門の職能）
④保全職能：設備と従業員の保持（今日の総務部門，人事部門の職能）
⑤会計職能：棚卸，貸借対照表，原価計算（今日の経理部門の職能）
⑥管理職能：計画，組織化，指揮，調整，統制

①から⑤番目までの職能は，技術・商業・財務など各部門に属する職能であり，企業が諸資源を調達・転換・保全・供給する活動である。管理職能はそれらとは質的に異なり，各企業活動を統合す

る全般的職能と位置づけられる。そして管理階層が上がるにつれて，また企業の組織が大きいほど管理職能の重要性が増すことを強調している。

　ファヨールは，経営とは，利用し得るあらゆる資源から，できるだけ多くの利益を上げるよう努力しながら，企業活動をその目標に向けて導くことであり，企業活動を構成する，上の六つの職能の円滑な遂行を確保する総体的機能とした。それに対し，管理的活動はそれらの活動の全般的計画を作成し，組織を構成し，諸活動の調整と調和を図るものである。

　2）管理過程　管理の職能は一般的に「計画，組織化，指揮，調整，統制」などという複数の要素から成立し，一つの連続的に進行する循環プロセスとして把握される。

　管理職能における計画とは，経営についての未来を検討し，活動計画を立てる行為であり，組織化とは，物・人等を組み合わせ，物的および社会的な二元的組織体を構築すること，指揮とは，従業員が自分の仕事を遂行するように指示・配慮すること，調整とは，経営におけるすべての活動と努力を結集，統合，調和させるもの，そして統制とは，最初の計画が実行されているか，あらかじめ定められた基準が守られているかを監視することである。

　管理の職能は，以上の構成要素を順番に繰り返し行なうこと（この循環的な過程をマネジメント・サイクルと呼ぶ）によって，洗練されていくと考えられている。このように，経営と管理を峻別しながら，企業活動の中に管理活動の存在を認めて明確に指摘したこと，管理という職能は他の諸活動と区別された職能と考えるべきであること，さらに管理を連続的に進行する過程と見ることなどはファヨール学説の大きな特色である。

　それは，管理過程を経営者ないし管理者の主体的な仕事としての共通の要因によって取り上げ，経営管理の総合的把握を行なうもの

で，Plan（計画）・Do（指揮・執行）・See（統制）という三つの基本的な職能として捉えるものである。ファヨールの管理論は，マネジメント・プロセスを計画・組織・命令・調整・統制といった五つの要素に分けて説明したが，ファヨールを創始者とし経営管理を主に管理職能の問題として捉えるこのアプローチは，多くの後継者たちに継承されて管理過程学派と呼ばれるようになった。

(3) 官僚制組織論

企業活動における「計画，組織，指揮，調整，統制」は，具体的には組織における分業，協業，指揮系統など組織構造と密接に関連してくるが，ドイツの社会学者マックス・ウェーバー（Weber, M. 1864～1920）によって提唱された官僚制組織構造は，組織構造についての基本的なモデルを示している。

1）官僚制組織の特徴　その特徴は，①官僚制的規則と規則に基づく職務の遂行，②階層的な職務構造，③職務の細分化と命令権限の付与，④専門的訓練を前提とした専門家による職務活動，⑤文書による命令と職務執行管理などである。要するに，職務が専門分化され，明確な規則により職務が遂行される組織，そして階層性に基づき権限関係が明確になっている組織が官僚制組織と言える。

組織構造の次元で言えば，①規則と手続きが詳細に規定された組織（公式化），②階層的かつ権限が上層部に集中している集権的組織（集権化），③高度に分業がなされ，職務が細分化されている組織，④垂直的な階層的関係による指揮を重視している組織である。

官僚制組織のこの特質は，職務遂行の正確性，安定性，信頼性などにつながる。ウェーバーは，規則化と専門化を進め，権限の階層化を明確にしていくことにより，大規模化，複雑化する組織を効率的に運営し得ると考え，官僚制は大規模組織が不可避的に発展させる合理的な構造であり，機械のように正確で，合理的な組織と位置

づけたのである．組織の目的を達成する最良の道は，人間の感情を排し，規則によって機械的にシステムを動かしていくこと，つまり，機械のように命令どおりに動き，命令に対して疑問を持たないような組織構成員が，規則や手続に従って行動することによって，組織は最も能率的かつ合理的に機能することになると考えられていた．

組織の構造やマネジメントについて考える時，この官僚制組織構造における順機能（組織の意図どおりの働きや作用），逆機能（意図どおりでない逆の，あるいはマイナスの作用）の，特に逆機能についての理解が必要である．

2) 官僚制組織における順機能と逆機能　　官僚制組織では，命令が末端まで迅速に伝わり，さらに確実に命令が遂行されるので，トップで正しい判断がなされるならば，環境の変化に適応し，スピーディな経営を行なうことができる．また職務の明確な規定や規則に従った行動により，組織メンバー間の対立は避けられ，相互に整合的な行動が可能となる．官僚制組織は，この点では合理的で効率的な組織として現われる．

ところが，官僚制組織の構造的特徴と密接に関わって，官僚制の持つ形式的合理性が過度に強調されると，マイナスの効果（逆機能）を生み出し，個人や組織に非効率をもたらす．官僚制の逆機能という言葉は，アメリカのマートン（Merton, R. K.）という社会学者が言い始めた言葉で，官僚制組織において生じる次のような状況である．

規則を強め，命令に従って行動する機械的システムをつくり上げることによって，規則に従った行動＝最低限の行動以外には，新しいことへの挑戦をしなくなってしまう保守性を生み出す．規則や文書を守ることが目的となってしまい，行動が硬直化し，組織全体の目的が忘れられてしまう（目的と手段の転倒）．また権限の上層部への集中，高度の職務細分化と専門化が要請されるため，部下の自由裁量の余地が小さくなり，彼らのモチベーションを損ない，成長

意欲を低下させる危険性もある。さらに規則に固執するあまり，規則や文書に規定されていない例外的事態が発生した場合，それへの対応が困難になってしまう。

現代の組織においては，この官僚制組織の逆機能を防ぎ，順機能を発揮させるために様々な試みがなされている。

2　ホーソン工場の実験と人間関係論

ホーソン実験（the Hawthorne Experiments）とは，ウェスタン・エレクトリック社（アメリカ電信電話公社〈AT & T〉の設備を供給する子会社で，電話機通信機メーカー。1929年時点で従業員数は約4万人。ホーソン工場だけでも約2万9千人）のホーソン工場（シカゴ西郊外）で，メイヨー（Mayo, G. E. 1880〜1949）やレスリスバーガー（Roethlisberger, F. J. 1898〜1974）らの指導によって，1924年からほぼ10年かけて実施された一連の実験に関する呼称である。ここで行なわれた一連の作業能率に関する実験や観察，さらに面談から得られた結論に基づいて人間関係論に関する基本的な内容と視点が形成され，展開されることになる。

(1) ホーソン実験の概要と帰結

1) 照明実験（illumination experiments，1924年11月〜1927年4月）

最初の実験は1924年から1927年に行なわれた照明実験で，照明の質や量（物理的作業環境）が労働者の作業能力や能率にいかに影響を与えるのかを調査することが目的であったが，物理的作業環境と作業能率の間に相関関係を見出すことはできなかった。しかし，さらに照明以外のもっと多様な作業環境の条件と作業能率との関係を探るために，ハーバード大学のメイヨーやレスリスバーガーが招

かれることになり，その後のホーソン実験に刺激を与えた．

2) 継電器組立実験（relay assembly test, 1927年4月〜1929年6月）

次の実験は，1927年から1929年の間に電話継電器組立実験として行なわれた．これは照明だけでなく工場内の温度や湿度，あるいは労働者の睡眠時間，食事，休憩時間，間食の支給，そして賃金の支払方法など，様々な作業条件や労働条件の変化が作業能率に与える影響を調査するものであった．実験では，物的な作業条件の変化は作業能率を決定づける直接的な要因ではなく，監督方法の変化とそれに対する作業者の感情などが大きな要因であることが判明し，職場の人間関係に焦点が当てられることになる．

3) 面接実験（interviewing program, 1928年9月〜1931年）

継電器組立実験などで，管理・監督の質が労働者の働く意欲に関係することがわかり，監督方法の改善のための基礎資料として，労働者の態度や感情への影響要因を明らかにするために，面接実験が行なわれた．総勢21,126名に及ぶ面接から判明したことは，人間の行動は人間の感情に大きく左右されるということであった．すなわち，①人間は感情の動物であるから，その行動を感情から切り離しては理解できない，②しかし，感情はたやすく偽装されることが多い，③感情表現は，その人を取り巻く全体的状況に照らし合わせてはじめて理解され得る，などであった．

4) バンク巻取観察（bank wiring observation, 1931年11月〜1932年5月）

従業員への面接調査等により，従業員内部で作業量制限行為等のあることが認められたため，従業員の相互関係や集団的関係を，あるがままの姿と状況において調査し把握することを目的にしたもので，バンク（差込式電話交換台の配電盤）作業に従事する14名の男子工員を実験室に集め，普段の職場と変わらない条件で作業をさ

せて，その行動を観察，把握しようとした。その結果，非公式組織（informal organization）の存在が明らかになり，非公式組織は，内的には，作業量制限行為など組織メンバーの行動を規制して内部の統制を図るとともに，外的には，組織外部からの介入に抵抗し，組織メンバーを保護する機能を発揮するものであることが解明された。

以上のホーソン実験によって，生産能率は労働者が置かれた感情的，心理的条件に左右されること，また労働者が会社の定めた公式組織の規律ばかりでなく，自然に発生する非公式組織の統制力にも動かされる社会的存在だという点が明らかにされた。ホーソン実験は，物的な作業条件などの改善で作業能率をいかに高めるかをねらって開始されたものであったが，実験の結果は当初の意図とまったく異なり，様々な面において新たな発見がなされ，管理の新たなあり方を切り開いたのである。

ホーソン工場実験を出発点とする研究に基づき，メイヨー，レスリスバーガーたちは1930年代から40年代にかけて，管理者は労働者の行動をよく理解し，彼らの能率を高めるには，態度や感情といった心理的側面を重視するとともに，職場内における人間関係を知る必要があるという視点から，モラールや非公式組織などの新しい概念を導入して，管理に対する新しい理論（人間関係論）を展開した。人間関係論が組織における人間問題の重要性を指摘して以来，動機づけや集団行動の研究・理論化など，人間研究は確実に活発化していった。特に，1950年代以降，人間関係論は行動科学への道を切り拓き，組織行動，リーダーシップの研究が進められた。管理論を中心に，動機づけ理論やリーダーシップ理論が展開されることになり，これらを「新人間関係論」とか「モチベーション論」などと呼ぶ場合が多い。これに対しメイヨー，レスリスバーガーたちが展開した人間関係論は，初期人間関係論と言われている。

(2) 人間関係論の内容

1)「社会人」の仮説　科学的管理法では，企業家は経済人として最大利益を，労働者は最大賃金を得ようとするという経済的動機のみによって動機づけられる「経済人（economic man）」という仮説がおかれていた。これに対し，初期の人間関係論では，労働者は会社に収入の源泉を求めるだけでなくて，感情豊かな人間として友情，安定感，ならびに集団への帰属感など，社会的欲求に強く動機づけられている「社会人（social man）」の仮説が提示された。

2) 生産性と「モラール」の関係　テイラーの科学的管理法では，生産性は作業条件（賃金，作業時間など）の変化によって単純に影響されると考えられていたが，ホーソン実験の結果からは，作業条件の変化に対する作業者たちの態度の変化が，生産性の継続的上昇の要因でもあることが明らかになった。ここで，態度（attitude）とはモラール（morale）を意味し，モラールとは，集団のメンバーが生産性向上に積極的に協力しようという作業意欲ないし士気である。モラールが高いほど労働の生産性は向上する，というのが人間関係論の重要な命題であり，職場の人間関係の改善によってモラールを高め，生産性の向上を図る必要性が強調されている。

3) 非公式（インフォーマル）組織の存在と影響　人間関係論によれば，経営の構造は技術的組織（機械設備，材料，用具などの物的組織）とそして人間組織とに大別され，人間組織は公式組織と非公式組織とに細分される。公式組織（フォーマル組織）とは，組織目的を有効に遂行するために各メンバーの相互関係を合理的に秩序づけた組織図での組織である。非公式組織は，労働者たちの個人的接触や相互作用によって自然発生的に生まれる集団である。この非公式組織という人間関係が従業員のモラールに影響し，それが生産性に重大な影響を与えるということが明白にされた。

(3) 人間関係論の成果と問題点

　人間関係論は，職場の人間関係が労働者の行動を規定する最も重要な要因であり，人間は単に経済的欲求だけを追求する孤立した存在ではなく，集団への帰属意識などを持つ社会的存在であること，生産性を向上させるのは物的条件よりもモラールという心理的態度であり，その形成は非公式組織に大きく依存していることを明らかにした。そして，その認識に立って科学的管理法にない新たな側面を切り開き，新しい人間観や組織観に基づく新理論を樹立したばかりではなく，伝統的なマネジメントに対して画期的な革新を実践面においてもたらした。

　企業や集団に対する従業員の帰属意識を高め，モラールを向上させるために，具体的な方法が発展させられてきた。例えば，管理者・監督者教育，意思決定への参加，2方向のコミュニケーション施策，提案制度，事前協議制度，苦情処理，面接・人事相談制度，事前協議，人事考課（協調性や人間関係能力の要素の導入），福利厚生制度など多くの人間関係施策が導入・展開された。

　その成果にもかかわらず，人間関係論に対しては様々な問題点が指摘されている。第1は，「経済的動機」の否定のいきすぎである。経済的欲求を追求し経済的報酬の極大化を図る「経済人」を否定し，「社会人」を提起するものの，それに偏ってしまい，人間の総合的な把握は不十分であったと言わざるを得ない。従業員はより多くの賃金を得るための努力をする人もいるので，感情の論理や人間関係だけでは働かないであろう。第2は，非公式組織への偏重である。企業は本来，特定の目的を達成する公式組織を中心に動いている。したがって，公式組織を直接問題とせずに，非公式組織ばかりに注目し，その側面から企業の維持・発展に貢献する方法にはおのずから限界がある。第3は，人間の感情的側面の過度の強調，「依存的人間」仮説の一面性である。人間関係論では，従業員は非公式な人間

関係や集団に影響され，感情的に行動する「依存的人間」とみなされていたが，合理的な意思決定と自己実現を求めて，能動的で積極的に行動する従業員の側面が把握できていない。これらの問題点は，それ以降の管理論で強く意識され，一層の理論的発展を促すことになる。

3　バーナードの組織均衡論

(1) 近代的組織論の生成

　1930年代にアメリカ資本主義は危機的な状況に陥ったが，そうした経済的な困難を背景にして，アメリカ経営学には新しい組織論が生み出されてきた。その新しい理論は，それまでのテイラーやファヨールなどが打ち出した伝統的組織論に対して，斬新な観点と方法で組織問題の研究に真正面から取り組んだものであり，近代的組織論と称されている。そうした新しい流れをつくり出した人物こそバーナード（Barnard, C. I. 1886〜1961）であるが，彼はその主著『経営者の役割』(1938) を世に問うことで多くの人々の支持を得ることになり，そのため彼は近代的組織論の創始者と称されている。伝統的組織論が公式組織の合理的編成のために組織を職能体系と捉え，その職能分析をとおして組織と管理の一般原則を導き出そうとしたのに対して，近代的組織論は組織における人間行動に焦点を当て，組織を人間的要素からなる一つのシステムと考えた。また，バーナードの組織論は公式組織を研究対象の中心に据えながらも，伝統的組織論の後に生まれたメイヨーなどの人間関係論が分析した組織の非公式的な側面についても言及している。したがってバーナードの近代的組織論は，一方では20世紀初頭から1910年代に発展した伝統的組織論と，他方では1920年代から30年代にかけて発展した人間関係論の影響を受けながら，組織が持つ公式的側面と非公式的側

面との両者を統一するような形で生成したものと考えられる。

　ところで，バーナードとはどのような人物だったのか。もともと彼は経営学の研究者ではなく，実際の企業経営の場で実業家として手腕を発揮した。彼は約40年間，アメリカ電話電信会社に勤務し，ついでニュージャージー・ベル電話会社の社長になった。また，企業組織だけでなく，ロックフェラー財団の理事長や米軍奉仕協会の会長，さらに音楽愛好家であったバーナードは，ニュージャージー・バッハ協会の創始者など，様々な組織でも公職に就いて活躍した。そうして彼は，生涯にわたって実業界に身を置き，経営者としての豊富な経験を活かしながら，独自の組織論を構築していったのである。では，そのように優れた実業家でありながら同時に近代的組織論の創始者と言われるバーナード，彼の理論は一体どのような内容を持っていたのだろう。

(2) なぜ人々は協働するのか

　現代社会には，企業以外にも政府，軍隊，大学，病院，労働組合など無数の組織がある。バーナードは自らの主著の中で，そうしたあらゆる公式組織に共通した特徴を物語る一般的な理論を確立しようとした。その結果，それまでの経営学における組織概念とはまったく異なる新しい組織概念が打ち出された。

　バーナードによれば，そもそも公式組織とは「二人以上の人々の意識的に調整された活動や諸力の体系」と定義づけられ，それはあらゆる協働体系に共通する側面である。こうして複数の人間による協働体が形成されると，その中には必ず組織というものが存在することになる。では，なぜ人々が協働するところに組織が生まれるのか，それは組織を構成する人間が持つ個人としての特性によって説明される。彼はいきなり組織の問題に入るのではなく，「個人とは何か」あるいは「人間とは何を意味するのか」など，人間そのものが

持つ特性から組織の成り立ちを明らかにする。バーナードによれば，そもそも人間という有機体は他の人間有機体と関連を持たずには機能し得ないものである。また，人間として重要な特徴は「活動」であり，活動なくして個々の人間はあり得ない。では，その人間の活動は何によって引き起こされるのか。彼によれば人間個人の活動はすべて心理的要因の結果であるが，その心理的要因は言い換えれば欲求や衝動などの「動機」を意味する。こうして，本来的に人間の持つ欲求という動機が出発点になって活動という人間特性が説明され，その活動をとおして必ず人間は一定の関連性を持つが，その人間関連の結果が協働体の形成をもたらすことになる。

　このような仕組みで形成される組織であるが，そうした協働体は何よりも個人の限界を克服するためにつくられる。一人の人間がなし得る活動にはおのずと制約があり，その制約を打ち破って個人としてできない活動を協働して実現するのである。それを説明するのにバーナードは，一人の人間では運べない大きな石を，人々が協働することで「運ぶ」という目的が達成される，と言うのである。そうした協働を意識的・計画的に行なうために，一定の人的・物的な体系を生み出すようになると，そこに組織が形成される。

(3) 公式組織の成立 ―3要素の必要性―

　では，一体どのような条件のもとで組織は成立するのだろう。バーナードによれば，組織が成立するには共通目的，協働意欲，コミュニケーション（伝達）の三つの要素が必要となる。これらの諸要素のうち，どれを欠いても組織は成り立たない。まず第1に共通目的だが，この要素がないと人々は協働しようとする意欲を持ち得ない。組織を構成する人々は，共通の目的を実現するために集まって協働するからである。したがって，この共通目的は組織の構成員が抱く個人的な欲求や動機とは違って，すべての構成メンバーが共有

し容認する組織目的である。また，組織内の構成員がそれぞれ持っている個人的動機は内的で主観的なものであるのに対して，共通目的は外的で客観的なものである。次に第2の協働意欲だが，これは2人以上の人々が力を合わせて共通目的を実現しようとする意欲である。この協働意欲は個人によって強さが異なり，また，たとえ同一人であってもその意欲は一定不変ではあり得ず，断続的で変動的なものである。したがって，できるだけ安定して積極的な意欲を持つような貢献者の割合を増大させる必要がある。そして第3にコミュニケーションだが，これは組織内のすべての人々に共通目的を知らせたり，また協働意欲を伝達する役割を果たす。ふつう人々は言語を使って口頭や書面によって伝達するが，言葉で表現できない場合にはいわゆる「以心伝心」で伝達される場合もある。

(4) 組織の存続 ―有効性と能率―

　前述のような条件が整って成立した組織は，その後長く存続していかなければならない。バーナードによれば，組織が存続するためには「有効性」と「能率」をとおして外的均衡を維持する必要がある。では，第1に有効性とは何か，それは組織が自らの目的を達成する程度を示すものである。組織が有する客観的な目的が達成された場合には，その協働活動は有効であり組織は成長していくが，逆に有効性が低い組織は十分に目的を達成できない組織であり，そのような組織はやがて存続し得ずに崩壊する。第2に能率とは何か，それは組織活動を引き出すのに十分なほどに個人の動機（欲望）を満足させることである。個人の動機を満足させるには，個人が組織から受け取る効用である「誘因」と，個人が組織に対して提供する「貢献」とを比較して，誘因が貢献に等しいかあるいはそれ以上の状態にする必要がある。能率の低い組織は，構成員の個人的な動機を満足させていない組織であり，そのため個人から積極的な協働意欲を

引き出せずに崩壊する。組織を構成する人々は，自分の動機が満たされていると組織への貢献の努力を続け，反対に満たされないとそれを止める。そのため，組織はつねに貢献と誘因の均衡に努力して，能率を持続的に確保しなければならない。

(5) 管理者は何をすべきか ―管理職能の役割―

　以上のように組織の成立と存続に必要な条件を確認したうえで，さらにバーナードはそのために組織の管理者は一体何をすべきかについて論じている。そもそも組織を成立・存続させるには，特定の専門的な職務が必要だが，それが管理職能であり，それを担うのが管理者である。管理者の職能，それは一言で言えば組織の外的均衡と内的均衡を維持することである。まず一方で管理者は，組織の外的均衡を維持するために，組織の有効性と能率の程度を高めなければならない。そこで管理者は「誘因」や「説得」などの方法を必要に応じて活用する。人々の貢献を引き出すものが誘因だが，それには貨幣や物あるいは貢献に対する報酬などの物質的誘因があり，また同時に優越や威信，あるいは地位獲得の機会などの非物資的な性格の誘因もある。さらに，そうした客観的誘因を提供できない場合，組織は個人に対して彼らの動機や態度などの主観的態度を改変させる「説得の方法」を用いることになる。また他方では，管理職能は組織の内的均衡を維持する役割も果たすが，その内容は組織成立の3要素に対応して現われる。第1に，管理職能とはコミュニケーション体系を提供して組織伝達を維持することである。そのためには，非公式組織の機能を活用し，公式決定の必要性を減らして伝達手段を拡大することが考えられる。第2に，管理職能とは組織にとって必要な個人的活動を確保し，人々を協働関係へと導くことである。そして，確保した人々の協働意欲を高め，実際に彼らの活動を引き出す努力をしなければならない。第3に，管理職能とは組織の

目的を定式化することであり，その目的はすべての貢献者に受け入れられねばならない。さらに定式化された目的は部分目的に細分化され，それぞれの目的を上部から下部へと権限委譲された管理職能が遂行していくことになる。

(6) バーナードに続く人々

以上のように，バーナードによって開始された近代的組織論の流れは，その後いろいろな人々の考え方の中に継承され発展していった。一つの方向としては，サイモン (Simon, H. A. 1916〜2001) による意思決定論への展開がある。サイモンはバーナードから大きな影響を受けたが，彼はその主著『経営行動』(1945) において，人間の行為に先立って現われる意思決定の概念を掘り下げて分析した。サイモンは，バーナードによって提起された意思決定の概念を経営者による経営行動の基礎に据え，意思決定の概念に基づく管理職能の究明に努力した。彼は意思決定を「価値前提」と「事実前提」とに分解し，前者が意味する目的と後者が意味する手段とを関連づけ，与えられた目的を最大限に実現する手段を選択するような意思決定，それを合理的意思決定とする。だが，そうした意思決定の持つ合理性は決して完全ではなく，それにはおのずと限界がある。私たちが現実に行なう意思決定の合理性は「限られた合理性」でしかないのである。なぜなら，意思決定の合理性を実現するためにはすべての代替的行動を列挙し，また意思決定の結果について完全な知識が求められるが，現実にはそのようなことは不可能だからである。こうして，言わば「制約された合理性」のもとで意思決定を余儀なくされる人間にとって，最適化ではなく「満足化」こそが自らの行動基準となる。そうした満足基準によって行動する人間のことを「経営人」と呼ぶのである。いずれにせよ，サイモンにとっては組織内部の合理性の問題こそが最大の関心事だったのである。

バーナードに続く流れとして,二つ目にはサイアート (Cyert, R. M. 1921〜1998) とマーチ (March, J. G. 1928〜) という二人の研究者による企業の行動理論に関する研究が挙げられる。彼らの共著『企業の行動理論』(1963) は,企業が経済的意思決定をいかに行なうかについて研究したものであり,価格,産出量,資源配分などの決定について企業行動を説明・予測することを目的とするものであった。サイアート＝マーチ理論の特徴は,バーナードのような組織一般ではなく明確に企業という特定の組織を対象として取り扱い,しかもその企業の意思決定過程を解析する用具としてコンピュータ・シミュレーションを使用したことである。すなわち,サイアート＝マーチによる企業の行動理論は,抽象的な組織一般論から具体的な企業組織における経済行動の理論へと進み,しかも現実の企業における意思決定の過程を分析するのにコンピュータを利用し,それをモデル化して自分たちの理論が持つ有効性を検証したのである。また彼らは,組織を各種の構成メンバーからなる「連合体」と見る組織観に立ち,企業組織も様々な利害を持つ経営者,従業員,株主,さらには顧客などによって形成される「連合体」だと規定する。しかも,その連合体には構成員の様々な要求を反映した多元的な組織目標が存在することになる。

　以上のような人々だけでなく,これまで経営学の歩みの中でバーナード組織論から多大な影響を受けた研究者たちは数知れない。そのような言わばバーナード理論の後継者たちは,これからもなお後を絶つことなく輩出され続けることだろう。それは言い換えれば,いかにバーナードの組織論が多くの人々から支持され共感を呼ぶ偉大な内容を持っていたかの証しでもある。

4 人的資源管理の視点

人間関係論の後に、それに近いが個人に焦点を当てた理論が出てきた。マズロー（Maslow, A. H.）の欲求階層説（「第4章 組織行動とマネジメント 1 ワーク・モチベーションとインセンティブ・システム」参照）に基づいたアージリス（Argyris, C.）の自己実現人モデルとマグレガー（McGregor, D.）のX理論・Y理論、そして職務満足感についてのハーズバーグ（Herzberg, F.）の二要因理論である。

(1) 自己実現人モデルとX理論・Y理論

1）アージリスの自己実現人モデル　個人に焦点を当てた、人的資源管理の視点を持ったいくつかの理論が出てきた。その一つが自己実現人モデルである。そのモデルの一つが、後の章で詳しく説明するマズロー（Maslow, 1954, 1968, 1970）の欲求階層説に基づいて、アージリス（Argyris, 1957, 1964）が唱えたモデルである。

マズローの欲求階層説では、人間の欲求は低いレベルの欲求から高いレベルの欲求へと階層をなしていて、最も高い欲求は自己実現欲求である、とされている。アージリスは、現代の産業社会では生理的欲求や安全への欲求などの低いレベルの欲求が相対的に充足されているので、これらの欲求はもはや行動の強い動機づけにはならず、自己実現の欲求が人間のエネルギーの源泉になりがちであろう、と述べている。

自己実現を目指す人間は「自己実現人」と呼ばれる。アージリスは、産業社会において自己実現人は企業の中で自己実現欲求を満たそうとしているので、それを満たす仕組みを企業内につくることが大事である、とした。そしてそれらの仕組みとして、職務拡大や参加的リーダーシップを提案した。

2) X理論・Y理論　マグレガー（McGregor, 1960）もマズローの欲求階層説に依拠してX理論・Y理論を提唱した。すでに述べたように，マズローの欲求階層説では，人間の欲求は低い欲求から高い欲求まで階層をなしているとされている。古典的，伝統的な管理論は組織の従業員が生理的欲求や安全・安定の欲求など低い欲求を持っていると仮定して理論を展開している，とマグレガーは批判した。古典的，伝統的な管理論の背後には，人間に対する次のような考え方があると彼は指摘している。

①普通の人間は生まれつき仕事が嫌いで，できることなら仕事はしたくないと思っている。
②仕事が嫌いだという人間の特性のために，たいていの人間は強制されたり，統制されたり，命令されたり，脅されたりしないと，企業目標を達成するために十分な力を出さないものである。
③普通の人間は命令される方が好きで，責任を回避したがり，あまり野心も持たず，何よりもまず安全を望んでいる。

このような考え方をマグレガーは「X理論」と名づけた。彼によると，従来の管理論は，人間がこのような性質を持つという仮定に立って，人間をより働かせるためには命令したり強制したりすることによる管理や，よく仕事をしたものには賞を与え，仕事をしないものには罰を与えるという「アメとムチ」による管理が必要であるとしてきた。マグレガーはそのようなX理論は誤りであり，X理論に基づいた管理ももちろん誤っていると力説している。現代では，企業の従業員は自尊欲求や自己実現欲求といった高い欲求を持っており，それらを満たす仕組みを企業の中につくらなければいけない，と彼は主張した。そのためには人間の行動についての新しい考え方が必要だとし，その新しい考え方を「Y理論」と名づけた。彼の言

うY理論とは，人間についての次のような考えである。

①仕事で心身を使うのは，遊びや休憩と同じように人間の本性であり，生まれながらにして仕事が嫌いだということはない。
②人間は自分が進んで身を委ねた目標のためには，自ら自分にむち打って働くものだ。
③献身的に目標達成につくすかどうかは，それを達成して得られる報酬次第であり，最大の報酬とは自我の欲求や自己実現の欲求の充足である。
④責任を回避することや野心がないこと，安全を第一と考えることは人間の本性ではなく，普通の人間は条件次第では自ら進んで責任をとろうとする。
⑤企業内の問題を解決しようと比較的高度の想像力を駆使し，手段をつくし，創意工夫をこらす能力は，特定の人間だけではなく，たいていの人間に備わっている。
⑥現在の企業では，日常，従業員の知的能力はほんの一部しか活用されていない。

マグレガーによれば，現代の企業はY理論による管理をしなければならず，その管理の原則は「統合」である。「統合」とは，従業員が企業の繁栄のためにその能力を発揮して努力することが，同時に各従業員の目標の達成と成長につながる，そのようなことが可能となる条件をつくることである。すなわち，企業の目標と従業員の欲求や目標を明確な方法で調整し，目標達成に必要な権限をできるだけ従業員に与えて，従業員が自分自身でコントロールできるようにする，ということである。

Y理論は人間を高い欲求を持ち，主体的で能動的であると捉え，そのような人間に見合った管理を唱えて，現代の新しい管理の基礎

を示したのである。

(2) 二要因理論（動機づけ・衛生理論）

ハーズバーグ（Herzberg, 1966）は，職務満足感について独自の理論をつくった。それが二要因理論である。満足をもたらす職務要因と不満足をもたらす職務要因がそれぞれ別にあり，満足をもたらす要因を「満足要因」または「動機づけ要因」と呼び，不満足をもたらす要因を「不満足要因」または「衛生要因」と呼んだ。動機づけ要因は，達成，承認，仕事そのもの，責任および昇進など仕事に直接関係する職務要因である。衛生要因は会社の政策と経営，監督，給与，対人関係，作業条件など仕事をめぐる職務要因である。この二つの要因は別のものであって，もし動機づけ要因が不十分であっても不満足にはならないが，十分なら満足は増える。逆に衛生要因がなければ不満足であるが，あったとしても満足にはならず，不満足ではないという状態になるだけである。満足と不満足は対極にあるものではなく，満足の反対は「満足ではない」ということであり，不満足の反対は「不満足ではない」ということである。会社で働く人に満足を与えるためには「衛生要因」ではなく，「満足要因」を改善することが必要である。彼はこれを「臨界事象法」という調査方法により発見した。しかし，今日ではこの理論に対する反論も多い。

5　コンティンジェンシー理論

(1) コンティンジェンシー理論とは

非常に大まかに言ってしまうと，古典的な管理論は，組織を機械になぞらえ，そこで働く人間をその機械の歯車のようにみなし，人間の心理や感情を軽視するような傾向が強い。一方，ホーソン工場の実験から生まれた人間関係論の流れは，組織を生命体，有機体

とみなし，そこで働く人間の感情などを大事にするものであった。1960年代になると，組織を機械とみなして管理した方が業績が上がるのか，それとも有機体とみなした方が業績が上がるのかは，組織が置かれている状況による，という考えが出てきた。これがコンティンジェンシー理論である。状況適合理論あるいは条件理論とも呼ぶ。その状況要因のことをコンティンジェンシー要因，あるいは条件要因と呼ぶ。つまり，組織の構造がその組織の置かれている条件要因と合っているなら，業績が上がったり，従業員のモチベーションや職務満足感が上がったりするが，合っていないと，それらのどちらかあるいは両方とも上がらないということである。この考え方は後の章に出てくるリーダーシップの理論の一部でもとられているものである。

さて，条件要因として最初に取り上げられたのが，組織の環境である。その後，技術が条件要因として取り上げられた。まず組織を取り巻く環境について説明し，その後で環境を条件要因とした研究を二つ見ていこう。技術を条件要因とした研究はウッドワード（Woodward, 1965, 1970）やペロー（Perrow, 1967）があるが，本書では省略する。

(2) 環境とは

組織を取り巻く環境には，従業員をそこから雇う労働市場，原材料を調達し対価を払う原材料市場，資本を調達する資本市場，製品やサービスを提供して対価を受け取る製品・サービス市場，競争相手，政府などがある。

トンプソン（Thompson, 1967）はディル（Dill, 1958）の概念を採用して，組織の目標設定と目標達成に関連する，あるいは潜在的に関連する環境を「タスク環境」と呼んだ。またダフト（Daft, 2003）の分類によると，外部環境とは組織の境界の外側にある，組織に影

響を与えるすべての要素のことである。それはタスク環境と一般的環境に分けられる。タスク環境とは，その組織に特有の環境のことで，顧客，競争者，労働市場，供給業者のことである。一般的環境はその組織だけでなく，一般にすべての組織に影響を与える要因で，技術的要因，社会文化的要因，経済的要因，法的－政治的要因，国際的要因などがある。

またダンカン（Duncan, 1972）は，環境を組織の中の個人の意思決定行動の中に直接考慮に入れられる物理的，社会的総体と定義し，環境を内部環境と外部環境に分けている。内部環境とは，システムの中の個人の意思決定行動の中に直接考慮に入れる，組織あるいは特定の決定ユニットの境界の中の関連する物理的・社会的な要因からなる，と定義されている。また外部環境は，直接考慮に入れられる組織あるいは特定の決定ユニットの境界の外にある関連する物理的かつ社会的要因からなる，と定義されている。すなわち内部環境とは，組織の境界の内側の環境のことであり，現在の従業員，経営者，そして企業文化を含む。外部環境とは，組織の境界の外側にあって組織に影響を与える要因である。

(3) バーンズとストーカーの研究 ―機械的組織と有機的組織―

バーンズとストーカー（Burns & Stalker, 1961）は，イギリスのエレクトロニクス企業の事例研究を行なった。その結果，「有機的組織」と「機械的組織」と彼らが名づけた対照的な組織構造があり，それぞれ異なる環境で業績を上げることを発見した。有機的組織とは，専門知識に基づくパワーを基盤とし，情報は水平に伝わるネットワーク型の伝達構造を持つ組織である。機械的組織とは，職位に基づくパワーを基盤とし，ピラミッド型の伝達構造を持ち，上層部へ情報が集中する組織である。彼らの研究では，機械的組織は安定的な環境において業績を上げ，有機的組織は不安定で変化に富む環

境で業績を上げていた。

(4) ローレンスとローシュの研究 ─分化と統合─

ローレンスとローシュ（Lawrence & Lorsch, 1967）は，環境不確実性の違いによって有効な組織特性が異なることを発見した。ちなみに，彼らは環境不確実性を次の3次元から捉えている。すなわち，

①情報の明確さ
②因果関係の不確実性
③成果についての明確なフィードバックが入手されるまでの時間幅

である。

彼らの研究で発見された組織特性とは，「分化」と「統合」である。分化とは，単に部門の分割とか知識の専門化といった単純なものではない。異なる諸職能部門の管理者たちの間にある，認知的ならびに情動的な指向の相違と，部内の構造の公式性の違いである。それらは第1に，職能部門の違う管理者の間で特定の目標に対する指向がどのように違っているかの程度である。例えば，販売部門の管理者は，自分の目標（売り上げ数量など）と異なる製造管理者の目標（製品の原価低減など）にどれぐらい関心を持っているか（訳書，p.2），ということである。第2に，所属部門の違いにより時間指向がどのように違っているかである。製品開発技師は比較的長期の問題を取り扱うのに，製造部門の管理者は短期的な問題に追われるなどである。第3は，対人指向の違いである。所属部門の違いによって管理者が対人的な交渉場面で仕事の達成を優先して考えるか，同僚との良好な人間関係の維持に大きな注意を払うかである。最後が構造の公式性の違いである。構造の公式性とは，公式の報告関係，

階層，報酬を決める基準やコントロール手段の違いである。分化とは，以上4つの点から，組織の各部門がどの程度異なっているか，ということである。所属部門の違いにより，環境不確実性が大きくなると，それに対応するため組織内の部門間の分化が進む。分化が進むと部門間の調整の必要性が高くなってくる。統合とは，「環境の要求によって，活動の統一を求められる諸部門の間に存在する共同状態の質」(訳書, p.14) である。すなわち，統合とは部門間の調整の程度である。仕事の違いにより各部門のものの見方が違ってくるため，部門間でコンフリクトが発生することが多くなる。効果的な統合のためにコンフリクトを解決することが必要である。そのために，部門間を統合するプロダクト・マネジャーのような統合担当者をおいて統合を図ったりする。

　このように環境不確実性が大きくなると，分化が進み，より複雑な統合が必要になってくるのである。

3 企業の組織と管理

1 管理組織の構造

(1) 職能制組織

1) テイラーによる職能別職長制度　企業経営において職能制組織の起源となるのは，19世紀末から20世紀初頭にかけてアメリカで機械技師として活躍したテイラーによる職能別職長制度だと言われている。彼は，ふつう一人の職長が行なっている管理活動を八つの職能に分割し，それぞれの職能を別々の職長が専門的に担うという制度を考案した。すなわち，一人の職長の仕事をまず大きく執行に関連する職能と計画に関連する職能とに区分し，次に前者については準備係，検査係など四つの職能に，また後者についても指図票係，時間原価係など四つの職能に細分して，それらの各職能を8人の職長が別個に担当するような制度を実施した。この制度は，あくまで企業の工場現場における職長レベルの職能分化であり，作業員の仕事をいかにして能率的に行なわせるのかという，能率向上の目的を達成するための新たな管理制度として大きな注目を浴びた。

2) 職能制組織の発展　以上のようなテイラーが考案した職能別職長制度を起源として，その中に活かされていた分業や専門化の原理を企業全体の職能分化にまで拡大して適用したもの，それが職能制組織と言われるものである。本来，企業は物財やサービスにつ

図3.1 過程的職能制組織

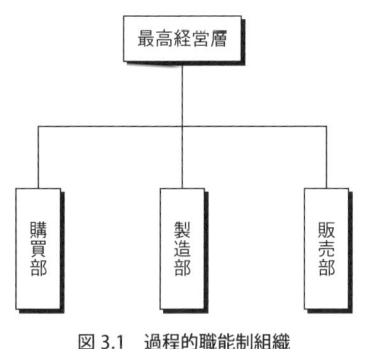

いて生産から販売までの全過程を遂行するが，そのためには原材料や部品の購入，労働者の採用と訓練，新しい製品の製造，生産に要したコストの計算，完成した商品の販売など，様々な職能が必要になる。それらの職能を同一の企業構成員がすべて同じように担当していたのでは効率が大変悪くなる。そこで，企業構成員の仕事内容を購買，人事，生産，経理，販売などの職能ごとに分割し，専門的に担当するようにすれば分業や専門化のメリットが活かされて能率が向上する。このように，企業内の仕事を職能ごとに区分し組織化することによって職能制組織が形成される。その際，購買・生産・販売などは企業組織にとって過程的な職能分化であり，また，人事や経理などは要素的な職能分化ということができる。そうして専門的に分化した職能が各部門を形成し，購買部門・生産部門・販売部門などのライン部門，また人事部門・経理部門といったスタッフ部門を形づくることになる。そして，各部門で遂行する専門的な職能が統一されて，企業全体の成果が生み出されることになる（図3.1）。

3）職能制組織の長所と短所　職能制組織を採用することによって，生産や販売などの職能ごとに専門的に分化したいくつかの部門が形成される。それぞれの部門で活動が繰り返されるうちに，各部門内において独自の経験と熟練が増して能率が向上する。職能部

門ごとに分業の利点が活かされ，能率が高まることによって製品の生産量が増大し，また職能ごとに費やされるコストが低下することになる。しかし，他方ではこの職能制組織を採用することによる短所も存在する。それは各部門ごとに専門的に分化することによって部門間に壁ができ，そのため他部門との間に対立が生じ，それが部門の利益を企業全体のそれに優先させるという部門セクショナリズムを生むことになる。また，職能ごとに自立性が高まることによって，全体の過程を見通して行動することが困難となり，その結果，どうしても責任の所在が不明確になる。

4) 多角化による限界　企業の生産する製品が単一種類の場合には，職能制組織から生まれる利点には大きいものがある。しかし，やがて企業が多品種の製品を生産するいわゆる多角化の方針をとるようになると，そこでは職能制組織の持つ限界性が次第に現われてくる。もし，企業が製品の多角化を行ない，異種の製品を生産するようになると，まず購買部門では異なる製品ごとに様々な種類の原材料や部品を調達しなければならない。また生産部門でも異なる複数の製品を同一の製造過程で生産することになる。さらに販売部門においても，完成した異種製品をそれぞれ違った市場で販売しなければならない。このように購買・生産・販売などいずれの職能部門においても，異種製品を取り扱うことによって仕事の内容に混乱を招き，その結果として職能ごとに効率性が低下して最終的に業績の悪化をもたらすことになる。

(2) ライン・アンド・スタッフ組織

　ライン・アンド・スタッフ組織は，生産，販売や購買などの企業の主要な業務部門をライン（直系）組織とし，企画，人事，統制などの諸機能をスタッフ組織として編成し，後者を前者に結合させ，前者を補強することを目的としてつくられた組織の形態である。この

場合，スタッフは，経営の大規模化や複雑化に伴う管理職能の効率的な遂行のために，経営者，管理者の能力の補強を図ろうとするものである。こうした補佐的機能は，経営管理職能の部分的な内容を構成する職能を独立したものとし，それを専門的に担当することによって達成される。こうして，スタッフ組織の本質は「専門化」にあると言える。

　そこで，スタッフの種類について見ると，支援，促進の必要性・要請の増大に伴い，スタッフの職能の内容も分化・発展を遂げることになる。経営管理の職能は，一般的に計画，組織および統制という方法によってその合理性が追求されることになるが，こうした点から見ると，スタッフの種類は，計画スタッフ，組織スタッフおよび統制スタッフに分類することができる。またスタッフが支援・補佐する相手という点で見れば，もっぱら経営者（トップ・マネジメント）を補佐する経営スタッフ，もっぱら管理者を補佐する管理スタッフに分類することもできる。しかし，むしろ補佐される対象を基準とした区分としては，ゼネラル・スタッフとスペシャリスト（スペシャル）・スタッフとに分けられることが多い。ゼネラル・スタッフは，全社的・長期的な経営の問題に関して経営者を補佐する。これに対して，スペシャリスト（スペシャル）・スタッフは，各部門が現業的な業務執行を行なうに当たり専門家的な立場から補佐を行なうものであり，その内容としては，計画，人事，技術，経理，総務などがある。

　またライン・アンド・スタッフ組織に関して重要な点はライン組織とスタッフ組織との関係にある。両者はともに経営管理に関する職能を分担するが，権限の点で大きな相違が見られる。スタッフ組織は，ライン組織の管理者に対して，専門的な事項に関する助言や勧告を行なうにとどまり，ライン組織（部門）に対する命令権限はない。スタッフの役割は，ライン組織の執行活動への支援や経営

者・管理者の計画活動・統制活動への支援などに限定されている。ただ注意しておかなければならないことは，スタッフ組織にはライン組織に対する指揮・命令系統はないが，スタッフ部門の内部では命令権が存在するということである。それは，例えば人事部の場合に人事部長，課長，係長といったように階層的な関係が成立していることにも示されている。

さらにこのようなライン・アンド・スタッフ組織の意義について見ると，それは，ライン組織の長所・利点を確保しながら，経営の大規模化・複雑化に伴い現われるライン組織の欠陥を克服あるいは緩和しようとするところにある。すなわち，こうした組織形態は，ライン組織における業務執行上の指揮・命令系統の一元性を確保しながら，スタッフ組織の活動によって，例外事項の処理や専門化の原理を導入しようとするものである。

しかしまた，ライン・アンド・スタッフ組織にも短所が存在しないわけではない。例えばスタッフ部門・要員とライン部門・要員との間の協働が確保されない場合には，スタッフ部門の意味は失われ

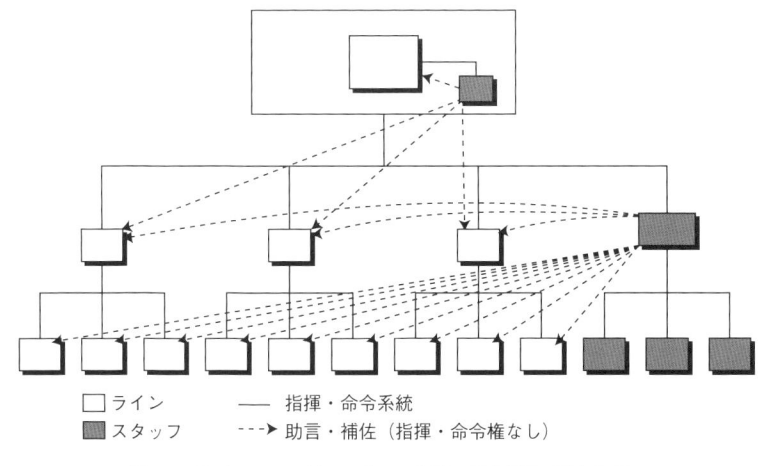

図3.2 ライン・アンド・スタッフ組織の基本構造（筆者作成）

ることになりかねない。また両者の間に不和・軋轢が生じるような場合には経営活動の円滑な遂行が困難になる危険性が大きくなる。さらに，スタッフが助言にとどまらずラインに対して指示したり命令したりするような場合には，命令系統の混乱を招いてしまうことにもなりかねない。

　ライン・アンド・スタッフ組織は，一般的に以上のような特徴，長所と短所を持つが，このような組織の形態は，現代の大企業にはほとんど例外なく導入されている（森本, 1967, pp.229-232; 藻利, 1965, pp.468-477; 占部, 1988 参照）。

　なお，ライン・アンド・スタッフ組織の基本構造を図式化して示すと図 3.2 のようになる。

(3) 事業部制組織

1）事業部制の発展　　今日では最も一般的な分権管理の組織形態として，多くの企業で導入されている事業部制組織だが，歴史的には 1920 年代のアメリカにおいて，当時すでに大規模企業となっていた GM，デュポンなどで誕生した。企業が事業領域を多角化するにつれて，従来のような職能部門別の集権的組織では効率的な経営が困難となった。そうした問題を克服するために，分権的管理を実行する組織形態として事業部制組織が開発され，急速に普及していった。我が国では，1933 年に松下電器産業（現パナソニック）で 3 事業部体制としてはじめて導入されたが，その本格的な普及は 1960 年代に入ってからのことであった。

2）事業部制の特徴　　この組織形態の特徴は，それまでの職能制組織やライン・アンド・スタッフ組織を基礎にしながら，それらの組織が持っていた限界を打ち破って，分権化の原理をより一層推し進めたことにある。企業のライン組織が行なう生産や販売などの活動を製品別，地域別，顧客別などに区分して，事業部という組織

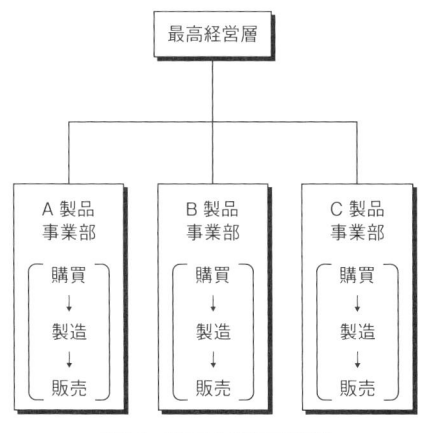

図 3.3　製品別事業部制組織

単位を形成し，それに対して最高経営層が大幅に権限委譲する。各事業部には，あたかも一つの独立した企業のように，生産から販売までの過程を自己完結的に遂行する権限が与えられる。しかも各事業部は，生産高や売上高への責任ではなく，最終的な利益額に対して責任を負う単位（プロフィット・センター）としての性格を持つ。また各事業部内では，事業部長のもとで自主的な意思決定によって活動が営まれ，それを全体として本社が統括する。まるで一つの企業内にいくつもの小さな企業が生まれたようであり，そのため連邦的分権組織とも称される（図3.3）。

　さらに事業部制組織は，社内振替価格と忌避宣言権という独特のシステムを備えている。例えば，同一企業の事業部間で製品や部品が引き渡される場合に社内振替価格が設定され，それに基づいて取引が行なわれる。そうした価格が合理的に決定されれば，各事業部の業績を正確に測定することができる。また事業部間の取引において，外部市場と比べて条件面で不利な場合にはそれを拒否し，社外から有利な条件で購入したり販売できる権利を持つが，これを忌避

宣言権という。事業部間の製品引渡しも取引である以上，自らの事業部の利益目標にとって有利なように，社内と社外の市場を比べて自由に選択できる権利が存在するのである。

3) 事業部制の長所と短所　まず一方で，事業部制組織は他の組織形態にはない長所を持っている。第1に，分権化の原理が徹底し，各事業部は高度な自主性と自己完結性を有するため，目まぐるしい環境変化にも迅速な意思決定によって対応が可能となる。第2に，各事業部は強い独立性を持つ利益責任単位として活動するので，複数の事業部間で互いに競争心が高まり，その結果，新製品の開発や技術革新の進展が図られる。第3に，事業部長はあたかも独立した企業の経営者のように，生産から販売まですべての職能に関して経験を重ねるため，将来の企業トップを育成するのに役立つ。以上のような利点がある反面，他方で事業部制には短所も見られる。それは第1に，事業部の独立性が徹底されることによって，各事業部が経営トップや本社スタッフの基本方針を無視して独走する危険性を持つことである。第2に，事業部制組織では各事業部ごとに自立化が徹底しているので，共通した材料の購入も一括して行なわれず，事業部ごとに購買を行なうため，規模の経済性が犠牲にされてしまう。第3に，事業部間の競争心が高まり過ぎる結果，自己の事業部の利益のみを考え，他事業部の利益を顧みない部門主義（セクショナリズム）に陥りやすい。

4) 事業本部制の導入　事業部制の場合，一方では各事業部の単位をできるだけ細分化し小さくすることによって効果が高まり，利益責任の意識も高揚する。だが他方では，複数の事業部間で類似の管理スタッフが配置されたり，また，製品の販売エリアが重複するなどの無駄が生じる。こうした矛盾を解決するには，例えばいくつかの製品事業部を，重なっている販売市場別に統合するような方式が導入される。これを事業本部制というが，この制度においては

事業本部のもとに複数の事業部が配置されるとともに，事業本部全体のスタッフ組織として管理部なども設けられる。また，この事業本部という組織では，各事業部間に生じる矛盾を克服するために全体的な調整が行なわれる。

(4) カンパニー制組織

　企業を取り巻く環境がめまぐるしく変化するなかで，現代企業にはより一層迅速な意思決定が求められるようになる。そうした状況のもとで，従来の事業部制を見直す動きが盛んとなり，その結果，新しい組織形態として生まれたのがカンパニー制組織である。事業部制において事業部長に対して大幅な権限委譲が行なわれても，その分権化の原理が十分に機能せず，相変わらず本社トップの意思決定に依存するという状況が続いていた。そこで，事業部制を採用しても各事業部の自立性や独立性が高まらない場合には，本社のもとにカンパニー（または社）と名づけられた擬似会社の組織を配置し，それに事業部よりも強い権限委譲を行なって自立性を持たせ，分権化の原理をさらに一層徹底するのである。それまでの事業部より強力な自立性が与えられたカンパニーという組織は，あくまで企業の内部組織でありながら，あたかも独立した会社のように経営されていく。それでは，事業部制以上に自立性を高めるために，カンパニー制組織では果たしてどのような方法が取られるのか。第1に，企業が生産する製品の開発から製造へ，そして販売までのすべての過程的職能をカンパニーの内部で遂行できる力を備えることによって，より一層の自己完結性を実現するのである。第2には，カンパニー組織のトップにはプレジデントという名称が与えられ，完全な意思決定の権限が付与される。事業部制では事業部長に決定権限が十分に与えられず，ややもすると本社のトップ・マネジメントにおける会議体で決定が下された。しかし，新しいカンパニー制のもとでは，

プレジデントに対して文字どおり独立した子会社の社長のような意思決定の権限が与えられ，それによってカンパニー自身の自立性が損なわれず逆に強化される。そして第3に，もとの事業部制における各事業部は，事業部内の損益計算書によって利益管理を行なっているだけで，事業部内の貸借対照表は持っていなかったのに対して，新たなカンパニー制のもとでは，カンパニーごとに資産を配分し，貸借対照表についても資本や負債などについて管理責任を負うことになる。こうして財務面からもより強くカンパニーの自立性が保証されるのである。

　こうしたカンパニー制組織の長所は一体どこにあるのだろう。第1に，各カンパニーがまるで独立した子会社のように自立した経営を営むことによって，激しく変化する環境に対して迅速に適応することが可能となる。第2には，より一層大きな意思決定の権限が与えられたカンパニー組織のトップは，単に利益責任だけでなく全体的な経営責任まで意識し，企業の経営者としての自覚と意欲を強く持つようになる。

　以上のような特徴を備えたカンパニー制組織だが，それは1994年4月に初めてソニーによって採用された。その後，日立製作所や東芝，さらにはHOYAなどのメーカーをはじめ様々な業種の企業が相次いで類似の制度を導入して，次第に広く知られるようになった。しかし，そのような新しい組織形態にも問題点がある。それは，カンパニー制のもとで各組織の自立性が強まれば強まるほど，同時に各カンパニーが営む事業ごとの部門主義もますます強められるという問題である。そのため，カンパニー制の先駆者であったソニーの場合でも，2000年代の前半に業績が悪化し，2006年3月期の連結決算で営業損益，当期損益ともに1995年3月期以来の赤字となった際に，当時のストリンガー会長兼CEOは，不振の原因について「各事業の連携が不足していた」と述べている。その結果，各事業間

の連携を強化するために，縦割りのカンパニー制を廃止するとともに，各事業を横断的に監督する組織改革を行なうことにした（朝日新聞, 2005）。こうした状況からも，今後はカンパニー制組織の長所を活かしつつ，決して部門主義に陥ることがないように，各カンパニー間の横の連携にも配慮しながら，カンパニーの組み替えや再編が必要になってくる。また，これまでの企業グループが持株会社制へ移行するという最近の動きのなかで，事業部やカンパニーなどの単位組織を外部の独立した組織形態として分社化し，完全子会社にするという潮流も出てくることだろう。

(5) プロダクト・マネジャー制組織

　事業部制組織では，一つの事業部が一つの事業を行なうのが原則である。例えば，製品別の事業部では一つの事業部が一つの製品を扱う。しかし，事業部内で複数の製品を扱うようになることもある。その場合，製品管理や利益管理が複雑になってしまう。そこで生産，営業，研究開発など職能別の管理者とは別に，個々の製品について職能間の水平的な調整を行うマネジャーを置くという場合がでてくる。この役割を担う人を，製品の場合は「プロダクト・マネジャー」，ブランドの場合は「ブランド・マネジャー」と呼ぶ。そしてこのようなマネジャーを置いた組織を「プロダクト・マネジャー制組織」と言う。しかしこのマネジャーはある特定の製品，あるいはブランドについて職能間の水平的調整，助言を行なうのみで命令はできない。また，このマネジャーは「第2章　マネジメント論の発展　5　コンティンジェンシー理論」で述べたローレンスとローシュ (Lawrence & Lorsch, 1967) の言う分化した部門を統合する役割を担う統合担当者である。

　日清食品は1990年にブランド・マネジャー制を導入した。例えばカップ麺の分野では，カップヌードル，どん兵衛など主要なブラ

ンドごとにブランド・マネジャーが置かれている。ブランド・マネジャーは新商品の開発から資材調達，研究所への開発依頼，販売ルートの選択，商品名・発売時期・価格の決定などの責任を負っている。そして，他のブランドを使った商品開発を認める「ブランドファイト」というシステムが導入されていて，ブランド間で協力と競争を行なって，ヒット商品を生みだそうとしている（朝日新聞，2002）。

　日本コカ・コーラでも，商品ごとにブランド・マネジャーを置いている。彼らは生産計画から物流，宣伝まであらゆる業務の責任を負う。短期間で横断的に業務を経験することができて，人材の開発に役立っている（日経ビジネス，2001）。

　また，伊藤園でもブランド・マネジャーを置いている。やはり担当する製品，ブランドに関して市場調査，商品の立案，広告戦略の立案，商品がマーケットに出た後の数字の管理まで行なっている（日経 TRENDY，2007）。

(6) マトリックス組織

　マトリックス組織とは，プロダクト・マネジャーに命令権限を与えた組織である。図 3.4 のように製造，営業のような職能部門と，製品あるいはプロジェクトまたは地域部門をマトリックスのように組み合わせた組織で，プロダクト・マネジャー（プロジェクトの場合はプロジェクト・マネジャー）にも職能部門のマネジャーと同じ命令権限が与えられている。この組織は職能の側面からと製品，ブランドの側面からの要求に応えやすく，環境の変化に適応しやすい組織である。これはローレンスとローシュ（Lawrence & Lorsch, 1967）が述べている，分化した部門を統合しやすい組織である。しかし，従業員は職能，製品の二人の上司を持つこととなり，二人の命令が矛盾した時などに混乱が生じる。また，部下が大きな失敗を

1 管理組織の構造　61

```
                    ┌─────────┐
                    │  社　長  │
                    └────┬────┘
            ┌────────────┼────────────┐
        ┌───┴───┐    ┌───┴───┐   ┌────┴─────┐
        │ 製 造 │    │研究開発│   │マーケティング│
        └───┬───┘    └───┬───┘   └────┬─────┘
┌──────────────────┐     │            │          │
│Aプロダクト・マネジャー├─────┼────────────┼──────────┼──→
└──────────────────┘     │            │          │
┌──────────────────┐     │            │          │
│Bプロダクト・マネジャー├─────┼────────────┼──────────┼──→
└──────────────────┘     │            │          │
┌──────────────────┐     │            │          │
│Cプロダクト・マネジャー├─────┼────────────┼──────────┼──→
└──────────────────┘     ↓            ↓          ↓
```

図 3.4　マトリックス組織

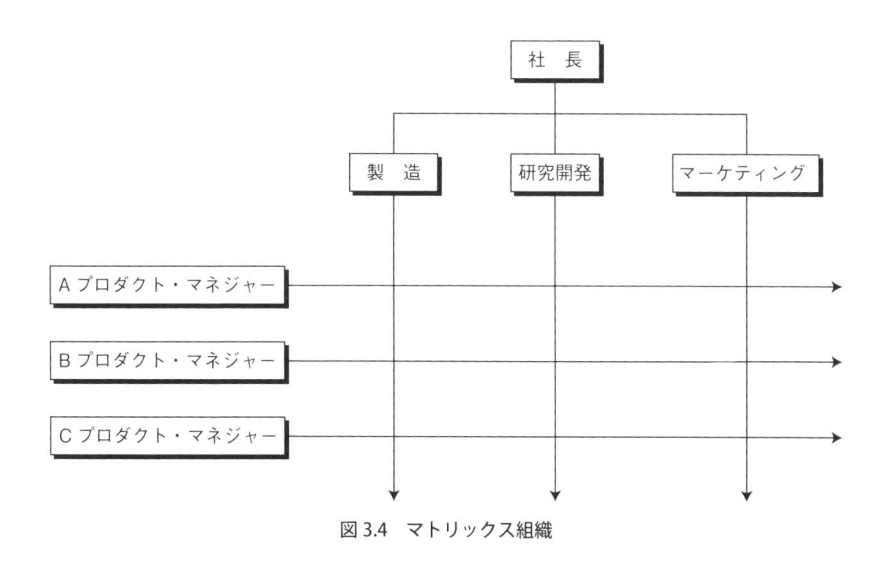

した時など，どちらの上司が責任をとるのか，という点もあいまいである。その欠点を解決するために，あらかじめどちらの上司の権限が強いかを決めておくこともある。職能部門の上司が主な権限を持ち，プロダクト・マネジャーはその製品についての調整だけを行なうものを職能別マトリックスと呼び，逆にプロダクト・マネジャーが権限を持っていて，職能別マネジャーはアドバイスをするだけのものを製品別マトリックスと呼ぶ（Daft, 2001）。また，次に示す日産の事例のように，2種類の上司の意見が対立した時に，全社的観点からどちらの命令を採用するかを決める調停機関のようなものをつくることもある。

　日産ではグローバルな組織運営を目指して，2000年9月に新しい組織を導入した。これは日本，北米，ヨーロッパ，その他に分かれる各地域での収益に責任を持つ地域軸と，販売，商品企画，生産，購買，経理・財務，人事などの職能軸がマトリックスになっている，言わばマトリックス組織である。社員一人ひとりは地域担当と職能

担当の二人の上司を持つ。地域軸と職能軸が対立した場合には「グローバル・ニッサン」という機関が全世界的視野でどちらを選択するかを判断している（日経ビジネス, 2000）。

2 生産管理の実態

　生産は，生産要素（労働対象，労働力，労働手段，生産方法）の結合のプロセスであり，それによって生産要素を有形（製品）・無形（サービス）といった産出物に変換し，価値を増殖し，効用を生み出す。生産の過程は，労働者が労働手段をもって労働対象に働きかける労働の過程であり，同時に計画，実施，統制という作業の管理の過程でもある。生産管理とは生産に関する管理であって，所定の品質 Q（quality）・原価 C（cost）・数量および納期 D（delivery）で生産するため，生産活動を計画，実施，統制する管理活動である。

　テイラーの科学的管理法は，科学的に課業（「公正な一日の作業量」）の設定の方法（時間・動作分析と指図票），時間・道具・作業の標準化を提案し，それを実施，統制するための機構（手段）として職能別職長制度や差別的出来高払い制度を考案し，今日の生産管理の基礎をつくった。

　その後，企業の生産活動の規模，範囲の拡大とともに生産管理においてもその管理の対象が拡大され，管理の手法も大きく発展している。テイラーの科学的管理法は，作業時間・量を決める作業現場の管理が中心であったが，大量生産が本格化すると，その対応のために新たな管理の展開が必要になった。この点をフォード・システムに見ることにする。今日では見込み需要に基づく大量生産ではなく，市場の動向に合わせた生産への転換が進んでいる。そのための生産管理の代表例としてトヨタ生産システムを取り上げる。

(1) フォード・システム

1) フォードとその経営理念　フォード・システムはフォード (Ford, H. 1863～1947) が 1910 年代に自らの企業の自動車工場で採用した大量生産方式に由来している。フォード・システムの成立はフォーディズムと言われるフォードの経営指導原理と深く結びついている。フォードは 1903 年にフォード自動車会社を設立したが，その経営指導原理は，①奉仕機関としての経営（大衆奉仕，経営の自主性・永続性の強調），②長期的営利主義，③金融資本からの独立，④組織労働（労働組合）の排除（しかし高賃金を主張）である。さらに経営は製品から出発すべきことを強調し，「真の製品」とは，最良の材料が使用されていること，運転が簡単であること，動力量が十分であること，絶対に確実であること，軽いこと，操縦が自在であること，運転の費用が少ないことを条件とした。そして当時，ぜいたく品であった自動車を日用必需品にするために（「車をつくる人がこれを買い得る」価格の車），新製品の開発（T 型車の開発），生産の合理化に取り組み，自動車の構造と製造方法に革新をもたらした。

　フォード・システムの基本は製品・部品・機械の「標準化」，作業の「標準化」「細分化」と「移動式組立法＝生産の同期化」の結合にある。

2) 単一製品の大量生産，部品と生産の「標準化」　型を変えることによってのみ過去の製品の利用価値を失わせるという方針は，奉仕機関としての「真の経営」のとるべき方向ではない．大量需要を呼び起こして大量生産を実施することによって，原価切り下げが可能となる．そのためには単一製品に集中するという点から，フォードは単一製品（T 型車）に限定した大量生産を追求した．その本質は設計の標準化を基礎として，材料，部品や作業方法の標準化と単純化を進め，コストの切り下げと品質の安定化を図ったことであ

る。具体的には品質標準を作成し，自動車のあらゆる部品に統一した基準をつくり，そのとおり製造し組立てれば大量生産が可能なようにした。さらに，工場，職場を専門化・特殊化し，各部品の専門工場を建設し，最終組立を組立工場で行なうようにした。また機械，工具も専門化・特殊化し，専用機械・工具を開発し自動化の基礎を築いた。

　作業面では，1913年に組立工程において移動式組立法であるコンベヤ・システムを導入し，工数の削減と生産期間の短縮を図り，さらに源流工程である製鉄工程まで一貫作業として，鉄鉱石の投入後から完成品までの期間を飛躍的にに短縮した。

　3) コンベヤ・システムの特色　　移動式組立法であるコンベヤ・システムは，組立作業を分業化して作業者を組立作業順に直線状に配置し，静止組立ではなく組立対象を移動させ作業者のところに持っていく生産方式である。従来のように，作業者のグループが一定の場所に集まり組立を行なうのではなく，作業工程の順序に配列された作業者の前に材料や部品をコンベヤが規則的に運搬し，作業者は静止したまま，あるいは一定の範囲を動きながら一連の作業を行なうようになった。その成果は，①生産の流れに中断がないことによる生産時間の短縮，②工程間の運搬距離の短縮と仕掛品の在庫の減少，③生産の同期化[1]の実現であり，各作業工程は一定のタクト（流れ作業において加工された製品が，そのラインから送り出されてゆく時間間隔）のもとに全体として同時進行性をもって進み，各工程間の時間的調整がコンベヤのスピードによって自動的になされるようになった。作業能率管理を出来高賃金制度に依存したテイラー・システムとは大きく異なり，フォード・システムは，専用機械群とコンベヤという機械体系によって労働を単純化し，高い作業密度を機械ペースで統制したのである。

　その結果，生産台数は飛躍的に伸び，大量生産に基づく「規模の

経済」(生産規模を拡大し生産量を上げていけば，生産物1単位当たりの平均生産コストが低下して経済効果が得られること)によって，価格も大幅に低下した。例えば，1913年のT型車の生産台数は20万2,667台，価格は550ドルであったが，1923年には，212万898台，295ドルとなっている。作業の単純化により，未熟練工でも80％の工程は採用後1週間以内に作業可能となり，身障者も積極的に活用された。

4) フォード・システムの問題点　フォード・システムの普及によって，生産費の低減と生産品目の均質化が図られ，自動車のみならず，特に耐久消費財の大量生産が実現されるようになった。しかし，市場に柔軟に対応するための生産の革新，多品種生産への対応ができにくい，またコンベヤ・システムによる緊張度の高い単純作業が人間性を軽視しているという問題点を持っている。

1920年代当初は50％近くあったフォード車のシェアーは，1927年にはGM（ゼネラル・モーターズ社）に逆転され，1930年代にはクライスラー社にも抜かれ20％ぐらいに低下した。この要因は，企業統治（コーポレート・ガバナンス）の視点から見ると，市場の成熟化（量の飽和，消費者ニーズの多様化）によりT型車1車種のみでは対応できなくなった状況に対して，集団による経営管理またT型車以外の開発を認めようとしなかった高齢化したヘンリー・フォードの頑迷さに多くを求められる。

経営理念，経営・生産戦略と生産の結びつき，QCDを維持しながらの大量生産の方法，単一製品のみの大量生産，見込み需要に基づく大量生産から市場の動向に合わせた生産への転換の困難性，作業の徹底した細分化・標準化による作業の単純単調化，ベルトコンベヤによる作業速度の強制，敵対的な労使関係など，フォード・システムは今日の生産と労働につながる多くの問題を提起しており，今日の状況に合わせて各国で見直しが進んでいる。

(2) トヨタ生産システム

1) トヨタ生産システムの歴史と目的　トヨタ生産システムは，トヨタ自動車が開発し運用してきた自動車生産方式である。トヨタ生産システムは，1950年頃，トヨタ自動車本社工場の最終組立ラインと機械工場間での生産の同期化・「流れ化」から始まり，1954年の「スーパーマーケット」方式の導入，その運用の道具としての「かんばん」の使用，1963年の「かんばん」方式の全工場での実施を経て，1970年初頭に，全社を統一する「トヨタ生産方式」として完成され，今日も進化し続けている。

　トヨタ生産システムが注目され出したのは，1973年の第1次オイルショック後である。多くの企業が赤字に陥ったなかでトヨタだけが利益を上げており，トヨタ生産システムがその要因であることがわかり，多くの企業がトヨタ生産システムの導入を図った（生産管理の面から見ると，見込み需要に基づく大量生産から市場の動向に合わせた生産への転換）。また1980年代に入ると，日本企業の競争力の源泉として，諸外国からも注目され研究された。さらに今日ではトヨタ自動車の急速なグローバル化に伴い，世界各地の工場で導入が図られている。

　その誕生以来，トヨタ生産システムの目的は，徹底的なムダ排除による原価低減（トヨタではムダは次のように分類されている。①つくりすぎの無駄，②手待ち（作業者が作業をしていない状況）の無駄，③運搬の無駄，④加工そのものの無駄，⑤動作の無駄，⑥不良品をつくる無駄，⑦在庫の無駄），そして品種と需要量についての市場の変化に対し，必要な製品を必要な時に完成させるために，全工程を同期化させて必要なものだけを短いリードタイム（発注から納品されるまでの時間）で生産することであった。そのための2本柱がJIT（Just in Time）生産，「自働化」（トヨタではこれを「ニンベンのある自動化」と呼んでいる）と言われているが，生産管理の

視点（計画，実施，統制）から，つまり生産計画・指示・統制という点から検討してみよう。

2）JIT（Just in Time）生産　必要な製品を必要な時に完成させるためには，全工程を同期化させて必要なものだけを短いリードタイムでつくることが必須であり，そのためには次の点が課題となる。

第1に，市場・販売状況を正確につかみ，平準化（生産品種と量の平均化）生産を図るために，一層緻密な生産計画を，可能な限り短期間で策定すること，第2に，その生産計画による指示は，着工順序が柔軟に変更できるように，順序指示は，その工程で作業を開始する直前に出力できる状況となること，第3に，生産の同期化（生産の各工程の作業時間や材料・部品の供給などを一致させて同じタクトタイムを保って生産すること）のために，生産の流れ化（工程内，工程間での物の停滞をなくし，一個流し生産を行なうようにすること），小ロット化，混流化（同一ラインで複数の加工・組立品を流すこと）をさらに進めること，そのために設備，人ともに「汎用性」（何にでも使える）を考慮した工程づくりを行なうことである。

第1の平準化生産を図る生産計画の策定という点は，「オーダー・エントリー・システム」[2]の展開，第2の本社生産管理部からの生産指示と，「かんばん」方式[3]による「プルシステム」の整合性という点は，「オンライン・コントロール・システム」[4]の展開，第3の点については，「一個流し」[5]，シングル段取[6]（10分未満しか時間を要しない段取替えなど）に加え，FMS[7]（柔軟な製造システム，Flexible Manufacturing System）の構築といった方向で展開されている。

トヨタ生産システムにおける，生産計画・指示の方法の基本は，まず市場，販売状況に基づき，本社生産管理部によって平準化され

た生産計画が作成される。しかし，本社生産管理部からの直接の生産指示は，車体工場，塗装工場，最終組立工場に示されるだけである。そして，他工場，他工程は，それに同期化するように生産計画が指示され，具体的な進度管理は，各工場の工務部が担当している。各工場においては，毎日の生産指示は，「かんばん」によって，後工程の消費量に応じてなされる方法（引っ張り方式，プル方式[8]）がとられるようになった。この方式は，生産計画・指示と生産現場との関連という点から見れば，次の2点が重要である。

　第1は，情報（生産・運搬指示）と物の流れの同時性が，完全とは言えないまでも実現されていることである。通常行なわれている，前工程が後工程に部品を供給していく方法（押出し方式，プッシュ方式）では，最終組立ラインだけでなく，生産現場の各工程にも生産計画が示される。この方式では，よく言われているように，予測の狂い，需要変動，また不良や手直し，設備故障などの工程トラブルへの迅速な対応が困難であり，過剰在庫などをかかえる事態がよく生じる。それに対し，「かんばん」方式では，前工程への特別な生産計画・指示は不要であり，「かんばん」が生産情報となって前工程へさかのぼることによって，一定の微調整が可能となっている。

　第2は，生産統制（特に工程管理，品質管理）と関わってくる点であるが，生産現場の各ラインにおいて，正常と異常の状態が明確になり，それに対して対策が即座になされる（なされざるを得ない）ように，生産指示がされていることである。「かんばん」は，「引取情報」「運搬指示情報」「生産指示情報」によって，JIT生産を保証する機能を果たす。同時に，生産の遅れ，不良品の発生，過剰在庫などの問題点を浮き彫りにし，現場作業者を「改善活動」に向かわせる点で大きな役割を持つ。

　3）自働化　「かんばん」による生産指示とともに，自働化がJIT生産のために大きな役割を果たしている。自働化とは，異常が

生じた場合，異常の検知，自動的に停止する装置がついている機械から発展したもので，単に機械設備だけでなく，ライン，工具，作業者の動きのいずれにおいても異常があった場合，停止することを言う。この自働化の考えに基づき，組立ラインでは，不良，欠品，作業ミスなどの異常が発生すれば，作業者自身がその場でラインを止めて監督者に知らせている。これには，作業者にライン停止権限が与えられていることと，作業者に一定の機械保全に関する知識が教育されていることが前提になる。

JITで重要なことは，工程間，ライン間のものの流れを，在庫を持たず，よどみなく進めていくことにある。そのためには機械設備故障，不良品の発生，作業遅れなどのトラブルの発見，即時対応，再発防止が必須であるが，トヨタでは自働化によって問題点を浮き彫りにし，作業者を巻き込んだ改善活動を展開している。

この自働化は次の点で重要である。

①いわゆる「品質のつくりこみ」：これもトヨタ生産方式に独特な用語であるが，異常の発生，現場での即時対策（問題点が明白，異常の真の原因の把握，現場の知恵の動員）による改善，それを標準作業に組み込む。このサイクルを繰り返し品質を向上させる。

②多工程，多台持ち，省人化：ふつうの自動機は異常が生じた場合，不良品を生産し続けたり，機械を壊してしまうが，自働化された機械設備は，異常の検知，自動停止付のため，作業者の監視作業が不要となり，多台持ち（一人の作業者が複数の工程，機械を担当），省人化が可能となる。

以上を図示すると図3.5のようになる。

4）協調的労使関係と作業者教育　トヨタ生産システムの二本柱であるJITと自働化のためには，協調的労使関係を前提とした現場作業者の技能，柔軟な労働編成が必須である。

混流生産，多工程持ち，「異常への対応」など，トヨタ生産システ

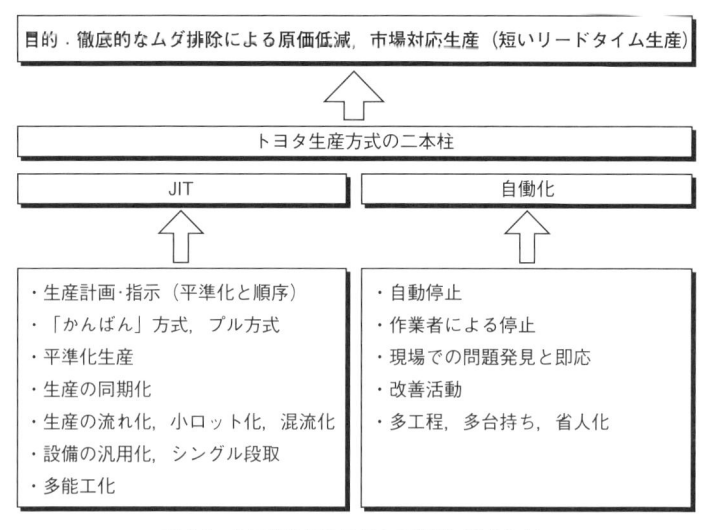

```
┌─────────────────────────────────────────────────────────┐
│ 目的．徹底的なムダ排除による原価低減，市場対応生産（短いリードタイム生産）│
└─────────────────────────────────────────────────────────┘
                              ↑
        ┌─────────────────────────────────────┐
        │       トヨタ生産方式の二本柱            │
        └─────────────────────────────────────┘
        ┌──────────────┐      ┌──────────────┐
        │     JIT      │      │    自働化     │
        └──────────────┘      └──────────────┘
               ↑                     ↑
┌────────────────────────┐  ┌────────────────────────┐
│・生産計画・指示（平準化と順序）│  │・自動停止               │
│・「かんばん」方式，プル方式   │  │・作業者による停止        │
│・平準化生産              │  │・現場での問題発見と即応    │
│・生産の同期化            │  │・改善活動               │
│・生産の流れ化，小ロット化，混流化│  │・多工程，多台持ち，省人化 │
│・設備の汎用化，シングル段取 │  │                        │
│・多能工化               │  │                        │
└────────────────────────┘  └────────────────────────┘
```

図 3.5　トヨタ生産システムの概要（筆者作成）

ムを運用するうえで作業者に特に求められる能力は次のように大別できる。①多工程持ち，多能工化を実現するための複数の作業工程の担当能力，②「異常への対応」のための一定の機械保全能力，③改善提案能力である。このために，トヨタでは，現場でのジョブ・ローテーションとともに企業内訓練校での教育が行なわれている。

■注
1) 生産の同期化：生産の各工程の作業時間や材料・部品の供給などを一致させて同じタクトタイムを保って生産すること。同期化生産によって仕掛品の滞留，工程の遊休が削減され材料から完成品の生産期間が大幅に短縮される。歴史的にはフォードによる同期化流れ作業体制がその最初の完成形であり，鉱石から鉄鋼，プレス，鋳造，エンジン加工，組立に至る全生産工程の同期化によって生産期間は飛躍的に短縮された。
2) オーダー・エントリー・システム：販売部門からの受注情報を生産部門の生産計画に迅速に反映するための情報処理システム。数量，仕様，納

期などばらばらな顧客の注文（オーダー）を，ある一定期間でまとめ，効率的な生産計画を作成，管理するために構築されている．
3) 「かんばん」方式：トヨタ生産システムにおいて，「かんばん」と呼ばれる作業指示票を利用して生産指示，運搬指示をする仕組．情報伝達のために「かんばん」と呼ばれるカードを使用したことによって「かんばん」方式と言われている．「かんばん」方式では，かんばんを工程間の仕掛品に添付しておき，その仕掛品が消費される時にかんばんが外され，外されたかんばんにより生産や運搬が指示される．生産指示かんばんには，品名・品番，工程名，生産数量，完成品置場名などが記載され，運搬指示かんばんでは，品名・品種，収容数，前工程の完成品が記載されている．
4) オンライン・コントロール・システム：本社生産管理部からの生産指示のもと，各工場の生産の同期化を図るための情報処理システム．組付け順序，仕様などが本社生産管理部から車体工場，塗装工場，最終組立工場に直接指示される．そして，他工場，他工程は，それに同期化するように生産計画が指示される．
5) 一個流し：JIT生産を実現するための基本的な考え方の一つ．工程順に一個ずつ加工，組付けを行い次工程に流すやり方．一個流し生産によって余分な在庫がなくなりムダがあぶり出される．
6) シングル段取：段取替えとは，別の製品の加工のために機械設備の型や刃具などを替えることであるが，シングル段取りとは，段取替え時間が10分以内（ゴルフのシングルから由来）ということである．様々な工夫がなされ，今日では飛躍的に段取替え時間は短縮されている．
7) FMS：多品種少量生産を効率的に行なうために発達した柔軟性を持った生産システムのことで，生産設備の全体（加工，搬送，工具の供給，検査，保管など）をコンピュータで統合的に制御・管理することによって，一定の範囲内で自由に製造品種を変更でき，混合生産などが可能な生産システム．
8) プル方式（pull system）：後工程引取方式，または引張方式とも言う．後工程が前工程に，必要な物を，必要な時に，必要な量だけ引き取りにいく生産指示の仕組のことで，前工程は，後工程に引き取られた量だけ生産する．トヨタ生産システムにおけるプル方式は，かんばん方式を用いて実施されている．毎日の生産指示は「かんばん」によって，後工程の消費量に応じてなされる．

4 組織行動とマネジメント

1 ワーク・モチベーションとインセンティブ・システム

(1) ワーク・モチベーションとは

　モチベーションとは日本語に訳せば「動機づけ」であり，ワーク・モチベーションとは職務モチベーション，仕事モチベーションとも言い，人を仕事へと駆り立てる心理的エネルギーのことである。簡単に言えば仕事への意欲である。

　企業が成果を上げるためには，そこで働く人々のワーク・モチベーションを高めることも大切である。ワーク・モチベーションは，二つの側面から理論化が進められてきた。一つは，人は何によって働くことに動機づけられるのか，ということに関する理論である。動機づける内容に焦点を当てているので，内容説，欲求説あるいは実体理論と呼ばれている。もう一つは，人はどのようにして働くことへと動機づけられるのか，その過程に注目した理論である。過程説とか，文脈説，選択説，プロセス理論と呼ばれている。

(2) 内容説

　内容説に分類されるものには，マズロー（Maslow, 1954, 1968, 1970）の欲求階層説（欲求階層モデル）やそれを修正したアルダファのERGモデル，マクレランドの達成動機説，ハーズバーグの二

第4章 組織行動とマネジメント

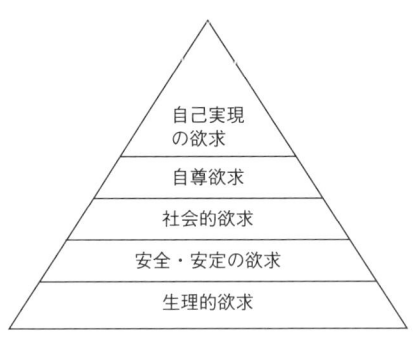

```
        自己実現
         の欲求
        自尊欲求
       社会的欲求
      安全・安定の欲求
        生理的欲求
```

図 4.1　マズローの欲求の階層

要因理論などがある。それぞれのモデルについて，次に詳しく述べる。ハーズバーグの二要因理論については「第2章　マネジメント論の発展　4　人的資源管理の視点」で説明しているので，そちらを参照されたい。

1) マズローの欲求階層説　欲求階層モデルとも言う。マズローは，人間の欲求が低い次元から高い次元へと階層をなしていると考えた。図4.1 にあるように，その欲求とは下位レベルから順に挙げていくと，①生理的欲求，②安全・安定の欲求，③社会的欲求，④自尊欲求，⑤自己実現の欲求である。生理的欲求とは，食欲，性欲，睡眠などに関わる欲求であり，安全・安定の欲求とは，衣服や住居に関わる欲求である。社会的欲求は，所属や友人を求める欲求であり，自尊欲求は，自分が他人より優れていたいという欲求である。

このモデルにおいて，欲求は緊急度の高い順に下のレベルから階層化されており，欲求を満たそうとする人間の行動はこの緊急度の高い欲求に対して，すなわち低次元の欲求から順に起こってくる。そして低い次元の欲求が満たされた後で，そのすぐ上の欲求がでてくる。例えば，食料が不足している人はその欠乏を満たそうと動機づけられ，それを満たす行動をすることになる。その結果，食料が

得られればその欲求は満たされ，それより上の次元の安全・安定の欲求に目が向けられるというものである。また，ある次元の欲求が満たされない場合，それより下の欲求に戻ることはない，とされた。

自尊欲求まで満たされると，最も高次元で最も人間的な自己実現の欲求が出てくる。この欲求は成長を続けたい，自分の潜在能力を最大限活かしたいという欲求である。他の欲求は，不足しているものを得ようという目的で人間を行動へ駆り立てるのであるが，この欲求は行動そのものを目的とする絶え間ない動機づけを引き起こすのである。

本来このモデルは，パーソナリティの説明理論であったが，産業場面での仕事への動機づけの理論として大きな影響を及ぼすようになっていった。そしてこのモデルをもとに，アージリス（Argyris, 1957, 1964）の自己実現人モデルやマグレガー（McGregor, 1960）のX理論・Y理論が生まれたのである。彼らは，現代の企業で働いている人々は低次の欲求がほとんど満たされており，自己実現の欲求を満たそうとして働いているのだ，と主張した。この二つの理論については「第2章 マネジメント論の発展 4 人的資源管理の視点」で説明している。また，アルダファはこのモデルを修正してERGモデルをつくった。これについては次の小項目で説明する。

マズローのこのモデルはその有効性を証明する研究事例が少なく，妥当性に欠けているという批判もあるが，人間重視の考え方はその後の経営管理理論などに大きな影響を及ぼし，このモデルに触発されて様々な研究が生み出された。

2) アルダファのERGモデル　アルダファ（Alderfer, 1969, 1972）は，マズローの欲求階層説を修正してERGモデルをつくった。彼のモデルは欲求を三つの次元に分けている。下位のレベルから順に挙げると，存在の欲求，関係の欲求，成長の欲求である。この三つの欲求は同時に存在したり，高次の欲求が満たされないと低

次の欲求が強くなることもあるとしている点が、マズローのモデルと違っている。

3）マクレランドの達成動機説　マクレランド（McClelland, 1961）は達成動機というものを提示した。達成動機とは、ある優れた目標を高い水準で成し遂げようとする意欲であり、高次の欲求である。彼は人々を仕事へ動機づけていくためには達成欲求を強化してやればよいと主張した。しかし、あまりにも強く達成動機を持った人は、達成することが難しい道を回避することもある、つまり自己実現への道を回避することもある、としている点で他のモデルと異なる。

(3) 過程説

人はどのようにして働くことへと動機づけられるのか、その過程に注目した理論が過程説である。文脈説、選択説、プロセス理論とも呼ばれる。具体的には、動因理論、公平理論、期待理論がある。本項ではその中でも、仕事関連の実証研究において広く使われてきた期待理論について説明する。

1）期待理論　この理論は様々な研究において広く使われてきた。少しずつ異なった期待理論のモデルをいろいろな研究者が提唱しているが、基本的な考え方は次のようなものである。努力すればそれに見合った遂行ができるだろう、あるいは業績を得られるだろうという期待と、遂行（業績、成果）が報酬などの結果をもたらすだろうという期待と、ある人にとってのその結果の価値や望ましさ、その三つの強度によってその遂行を行なうモチベーションの強さが変わり、その結果実際にその遂行を行なう傾向の強度も変わる、というものである。

このような考え方をとる理論の原型は古くからあったが、組織の中のメンバーの行動に適用できる理論として、期待理論の明確な定

式化をはじめて行なったのはブルーム（Vroom, 1964）である。その後ポーターとローラー（Porter & Lawler, 1968）がブルームのモデルを発展させ，ローラー（Lawler, 1971）がさらに発展させて，坂下（1985）も組織の研究により向くように改良している。

期待理論では，ある遂行Pを行なう（ある業績，成果Pを得る）モチベーションMは次の式で表わされる。

$$M = (E \rightarrow P) \sum [(P \rightarrow O_i)(V_i)]$$

（E→P）とは（E→P）期待と呼ばれ，仕事への努力（E）が一定レベルの遂行（業績）（P）をもたらすであろうという期待（予測）である。（P→O_i）とは（P→O）期待と呼ばれ，遂行（業績）（P）が結果（O）をもたらすだろうという期待である。Pの結果が複数あることも考えられるので，例えば一つ目の結果ならO_1と表わし，Oの右下の番号が何番目の結果なのかを示している。この結果は昇給のようなプラスのものだけでなく，同僚からの嫉妬のようなマイナスの結果も含む。結果の望ましさの程度を表わすのがVである。これは誘意性と呼ばれ，その遂行を行なう人にとっての結果の価値，結果の望ましさのことである。右下の番号は結果の番号に対応している。

上の式を分解すると，

$$M = (E \rightarrow P)[(P \rightarrow O_1)(V_1) + (P \rightarrow O_2)(V_2) + \ldots\ldots + (P \rightarrow O_i)(V_i)]$$

となり，Pに対する結果の数だけ〔　〕内に（P→O）期待と誘意性の積の足し算が入る。

ローラーのモデルを図4.2に載せた。ある人の仕事は，複数の遂行（業績，成果）Pから成りたっている。そのため，ある人の仕事の

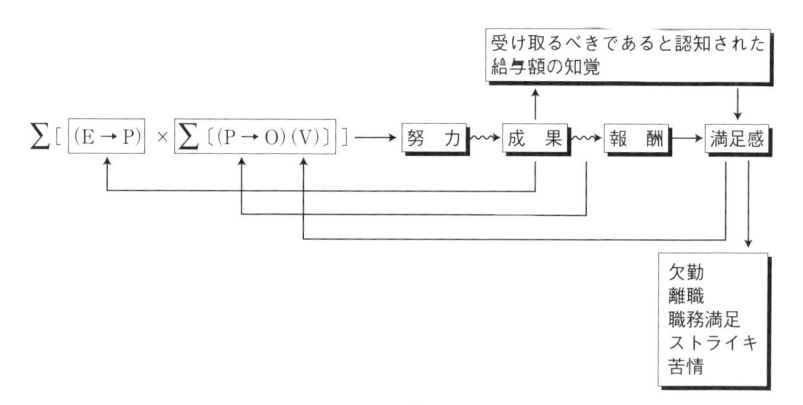

78　第 4 章　組織行動とマネジメント

$$\sum \left[(E \to P) \times \sum \left[(P \to O)(V) \right] \right] \to 努力 \rightsquigarrow 成果 \to 報酬 \to 満足感$$

受け取るべきであると認知された給与額の知覚

欠勤
離職
職務満足
ストライキ
苦情

図 4.2　ローラーの期待モデル（Lawler, 1971, p.270 より）

　モチベーションは，上記の式で求められる M を，その仕事を構成する遂行の数だけ加えることにより求められる。それで，図 4.2 では上記の式の前に Σ がついている。さてこのモデルでは，モチベーションの強さが，実際に行なう努力に影響を及ぼし，実際の努力は他の要因が入ってくるものの，実際の遂行（業績，成果）に影響を与えるとしている。さらに実際の努力が現実にどれぐらいの遂行（業績，成果）を導いたのかという経験が（E → P）期待に影響を与える。そして，遂行（業績，成果）に伴って現実にどれぐらいの結果が得られたのかということが（P → O）期待に影響を与える。また，実際に報酬など結果を得られてどれぐらい満足だったかということが，結果の望ましさに影響を与える，というように，実際に起こったことが上記の式の各要素に影響を与えるのである。つまり，ある仕事へのモチベーションが実際に行なう努力に影響を与え，そしてその努力が実際の遂行に影響を与えるといった，現実に起こることがらが続き，ついには次に同じことを行なう時のモチベーションに影響を与えるのである。

　期待理論に基づいた実証研究は，今までに数多くなされてきた。

そしてその有効性はほぼ実証されてきた（例えばローラーとサトル (Lawler & Suttle, 1973) やミッチェル (Mitchell, 1974)）。しかし，期待理論は合理的な人間というものを想定してつくられた理論である。現実の人間は錯覚したり，感情に流されたりと，そう合理的とも言えない面を持ち，その点でこの理論には限界がある。例えばフェリス (Ferris, 1978) は，期待理論の実証研究でやや一貫しない結果が見られるのは，環境不確実性を考慮に入れてこなかったことで説明できると示唆する。アンダーソンとキダ (Anderson & Kida, 1985) も期待理論に及ぼす環境不確実性の影響を検証して，期待理論を使う時に環境不確実性を考慮するなら，ワーク・モチベーションに対するより大きな利得と洞察が得られるだろうと述べている。この環境不確実性を取り入れて独自の期待理論のモデルをつくったのが坂下 (1985) である。さらに，小久保 (1992) は期待理論に基づいて環境不確実性と意思決定過程への参加が仕事の満足感に及ぼす効果について実証した。

(4) インセンティブ・システム

組織により一層貢献するように従業員を動機づける組織内のシステムをインセンティブ・システムと言う。それはさまざまな人事制度，報酬システムからなる。近年では，これまでの年功序列制度を見直して成果主義が日本の企業で取り入れられている。日本の賃金制度は戦後，生活保障的な年功主義で始まり，バブル崩壊後の1990年代前半から成果主義が導入されるようになっていった。熊沢 (1997) はこの変化を「『年功序列』から『能力』または『実力』の重視」と呼べるのではないかとし，この変化によって「ゆとり，なかま，日常の仕事に関する労働者の一定の決定権」という，多くの人にとって働き続けていける職場の三つの要素がかつてないほど危うくされている，と述べている。

さて成果主義とは，業績に応じて賃金に差をつけようとする社員評価制度のことで，失敗と成功の様々な事例があり，各企業とも工夫している。例えば，日本の大手企業としては1993年にはじめて成果主義を取り入れた富士通は当初，高い業績を達成する者を発掘し，彼らを高く評価する仕組みをつくった。しかしそれ以外の社員の志気の低下が問題になったので，1998年下期からは達成したらＡという目標を立てて全員の業績の向上を目指した。しかし達成しやすい目標を立てたり，失敗を恐れるあまり長期にわたる高い目標に挑戦しないような傾向が出てきたため，2001年からより高い目標を掲げることを評価制度の目的として掲げるようになり，高い目標を立てたか，成果を上げられたかを分けて評価するようになった（例えば城, 2004; 高橋, 2004; 日経ビジネス, 2001, 2002; 朝日新聞, 2001）。そして2005年からは幹部社員について従来の個人単位からチームワークなど組織単位の成果を重視するように転換した（朝日新聞, 2005a）。

また，三越は販売員も管理職を目指さないと出世できない仕組みだったが，1992年に販売員などの専門職として待遇が向上するコースと，経営幹部を目指すコースの二つに分ける制度を導入して，成果主義型賃金制度を取り入れた。その結果，行き過ぎた個人プレーが続出したため，1999年に基本的に全員が管理職を目指すコースに戻した。しかし現場の要望により2003年に再び二つのコース制に戻した。ただしチームへの貢献や後輩への指導を評価に入れるように改良した。また，マイスター制というものを1996年に導入した。これは販売・営業社員の頂点に位置し，特別な待遇を受ける職である（朝日新聞, 2005b）。

また，役員退職金制度を廃止する企業も増え，例えば，日清食品，武田薬品，フジテレビなどはそれを廃止する代わりに役員に報酬の一部として自社の株式の新株予約権を与えようとしている。会社の

業績を良くして，株価を上昇させれば，より多くの利益が得られるという仕組みである。役員退職金は業績と関係なく支給されるため，外国人投資家などから批判を受けていることが背景にあった（朝日新聞，2008）。

また，一定の条件を満たし，希望する部署を表明して受け入れる側の要望と一致すれば異動できるFA（フリーエイジェント）制度を導入している会社も多い。三菱商事，高島屋，住友商事，三井物産，大丸，伊勢丹，松下電工などが導入している（朝日新聞，2002）。また，松下電工は一人の人を上司，同僚，部下が評価する360°評価を実施している（日経ビジネス，2002）。

日清食品では社内を業務別に小グループに分けたSBU（戦略事業単位）という制度を1998年4月から導入した。各SBUには課長，係長クラスのリーダーが1人いて，6人から7人の小集団に分かれている。そしてSBUごとに年間の業績目標を設定する。SBU内での評価は相対評価で，リーダーが毎月全員の評価をつけるほか，3ヶ月に一度はその結果を本人に説明する。SBU内の評価に役員や部長が下したSBUの評価を掛け合わせて個人の評価が決まる制度である（日経ビジネス，2002；朝日新聞，2003）。

キヤノンは2002年から成果主義制度を導入した。一方で終身雇用は守り，日本的経営の良さは残す制度にしている（朝日新聞，2004）。

2　リーダーシップ理論の発展

リーダーシップは，これまで様々に定義されてきている。例えばPM理論を築き上げた三隅（1984）は「リーダーシップとは，特定の集団成員が集団の課題解決ないし目標達成機能と，集団過程維持機能に関して，他の集団成員たちよりも，これらの集団機能により著

しい何らかの継続的な，かつ積極的影響を与えるその集団成員の役割行動である」(p.44) と定義している。バス (Bass, 1990) は，いくつもの定義の中から似たものをまとめて大まかな類型化を試みている。リーダーを集団の変化，活動と集団過程の中心とみなしたもの，パーソナリティとその効果から定義しているもの，影響力の行使という点からの定義，ある種の行動とみなすもの，説得の一つの形と見るもの，力関係から捉えたもの，目標達成の手段としての視点からの定義などである。そしてリーダーシップの定義は，その定義が貢献する目的によるべきである，と結論づけている。

　この節では，リーダーシップについての代表的な理論を順に紹介する。リーダーにはどのような人がふさわしいのか，というリーダーの特性に焦点を当てた特性論から始まり，次にリーダーの行動に注目した理論に移って，その中から初期ミシガン研究，オハイオ研究，PM 理論を見ていく。そして有効なリーダーシップは状況によって異なると考えるコンティンジェンシー・アプローチをとる理論の中からパス・ゴール理論を，そして再びリーダーの特性に注目することになったカリスマ的リーダーシップや変革型リーダーシップの理論を見ていきたい。

(1) リーダーシップの特性論

　リーダーシップの研究は，どのような特性を持っている人がリーダーにふさわしいのか，ということを研究することから始まった。様々な特性が調べられた。これらをまとめて特性論あるいは資質アプローチと呼んでいる。バス (Bass, 1990) は 1904 年から 1947 年までと 1948 年から 1970 年までに分けて，これらの研究を概観している。矛盾した結果があったり，状況によって有効な特性が変わったりするため，次第にリーダーの特性に関する研究は少なくなっていった。

(2) 行動アプローチ ―リーダーシップ行動の二つの次元―

　リーダーの特性の次にリーダーの行動が注目された。これらの研究で浮かび上がってきた二つの次元がある。簡単に言ってしまえば，人間関係に関する次元と，仕事に関する次元である。この二つを扱った代表的な三つの研究，理論を紹介する。初期ミシガン研究，オハイオ研究，PM理論である。

　1）初期ミシガン研究　アメリカ合衆国のミシガン大学の研究チームにより，1947年以来広範囲にわたる産業（自動車産業，化学産業，保険など）の様々な職種で調査が行なわれ，何万人ものデータが集められた。その結果の一部として次のようなことがわかった（Likert, 1961）。生産性を上げている部署では，第一線の監督者（現場の監督者）は従業員中心的であった。逆に，生産性の低い部署の第一線の監督者は仕事中心的であった。従業員中心的とは，部下の問題の人間的側面と，高い業績目標を持つ効果的な仕事集団をつくるように努力することに主な注意を払うことである。仕事中心的とは，作業を単純なものに分けて，部下に割り当てたり，それらの仕事を効率的に行なう方法を見つけて部下にそれを実行させたり，特定の手続きで時間どおりに仕事ができるように監督することなどである。また，高い生産性を上げている部署の第一線の監督者は細かいことをあれこれ言わない全般的な監督を行ない，部下が失敗をしても罰するような反応はせず，援助するような反応をしていた。業績の低い部署の第一線の監督者は細かい監督を行ない，部下が失敗をした場合には罰するような，また批判するような反応をしていた（表4.1参照）。このように初期のミシガン研究は，高い業績を上げている部署と業績の低い部署の監督者の行動の違いを見つけたのである。その後ミシガン研究はリカートにより発展，体系化されていった。

表 4.1 初期ミシガン研究における高い生産性を上げている部署と
低い生産性の部署の監督者の行動の違い

高い生産性の部署	低い生産性の部署
・従業員中心的な監督	・仕事中心的な監督
・全般的な監督	・細かく監督
・部下が失敗しても罰するような反応はせず，援助するような反応	・部下が失敗した場合，罰するような，批判するような反応

2) オハイオ研究 オハイオ研究（例えば Schriesheim & Bird, 1979）とは，オハイオ州立大学の研究グループによって行なわれたものである。この研究では，リーダーシップ行動を測定する尺度をつくろうとした。現実にマネジャーたちがどのような行動をしているのかを，観察やインタビューを行なったり，文献から探したりして，リーダーの行動を記述した。それらの行動を因子分析という統計分析にかけたところ，二つの次元が浮かび上がってきた。一つは「配慮」，もう一つは「構造づくり」と名づけられた。配慮とは，リーダーが集団メンバーの幸福に関心を示す範囲を表わす行動である。良い仕事は評価し，彼らを等しく扱うことによって彼らの自尊心を維持し，メンバーとの信頼を築く行動である。構造づくりとは，集団の活動をつくり，それを組織化し，仕事をする方法を指示したりする行動である。これらはミシガン研究の従業員中心的監督と仕事中心的監督に似た，人間関係に関わる次元と仕事達成に関わる次元である。そしてオハイオ研究では，この2種類の行動は異なる次元のものであり，二つとも多く行なうということがあり得るとしている。そして配慮と構造づくりのどちらの行動も多く行なうリーダーが，どちらも少ないリーダーはもとよりどちらか一方のみ多く行なうリーダーよりも成果を上げるということを発見した。しかし，その後どちらも多く行なうリーダーが必ずしも最適であるわけではなく，状況による，という研究も出てきた（Nystrom, 1978）。

2 リーダーシップ理論の発展　85

3) PM理論　PM理論（三隅，1984）でも2種類のリーダーの行動が提示されている。P行動とM行動である。この理論は，集団機能概念，すなわち集団の働きについての考えによってリーダーシップ行動の類型化（タイプ分け）を行なったものである。集団行動には少なくとも目標達成あるいは課題解決を目指した働きの次元と，集団の過程維持を目指した働きの次元がある。前者をPerformance（目標達成）の頭文字をとってP機能と呼び，後者をMaintenance（集団の維持）の頭文字をとってM機能と呼んだ。この二つの集団の機能を使ってリーダーシップ行動を類型化したのである。すなわち，集団や組織における特定の成員行動に代表されるリーダーシップ行動がP機能次元に関わるものをPのリーダシップ行動（P行動）と名づけ，M機能次元に関わるものをMのリーダーシップ行動（M行動）と名づけた。PとMは異なる次元であり，具体的なリーダーシップ行動には，どの場合にも両次元が多少の程度の差はあれ含まれると考えたのである。そして，PとMどちらの次元も連続的な変化として計量化できるものとして，PM4類型化を提唱した（図4.3）。すなわち，PもMもともに大きいPM型（単にピーエム型と読むこともあれば，ラージピーエム型とも読む），

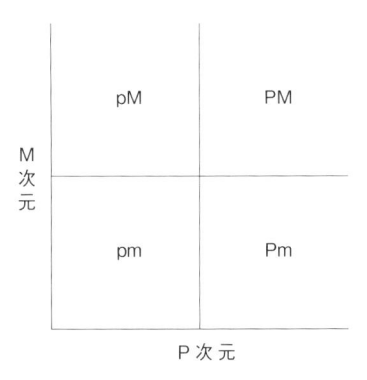

図4.3　PM4類型（三隅，1984，p.79より）

Pは大であるがMは小さいPm型（P型とも言う），Mは大であるがPは小であるpM型（M型とも言う），PもMも小であるpm型（スモールピーエム型と読む）である。この理論に基づいて多くの実証研究が行なわれた。この理論では，ほほどのような場合でもPM型リーダーシップが集団の生産性の面からも部下の職務満足感の面からも有効であるとされ，多くの研究がそのことを実証している。

(3) コンティンジェンシー・アプローチ―状況とリーダーシップ効果性―

「第2章 マネジメント論の発展 5 コンティンジェンシー理論」において組織に関するコンティンジェンシー理論を学んだが，リーダーシップの理論においても，有効なリーダーシップは状況要因によって変わってくる，という理論がある。その中からパス・ゴール理論を紹介する。このコンティンジェンシー・アプローチにはその他にフィードラー（Fiedler, 1967）のコンティンジェンシー理論やハーシーとブランチャード（Hersey & Blanchard, 1982）のSL理論（Situational Leadership Model）などがある。

1) パス・ゴール理論 パス・ゴール理論（House, 1971; House & Dessler, 1974; House & Mitchell, 1974）は，状況要因の違いにより効果的なリーダーの行動は異なってくるとする理論の一つである。パス・ゴール理論と呼ばれるのは，この理論の主な関心が，部下の仕事目標，個人的目標と目標達成への道筋への知覚にリーダーがどのように影響を及ぼすのかにあるからである（House & Mitchell, 1974）。

この理論の状況要因とは，①部下の特性，および②目標達成と部下自身の欲求を満足させるために部下が取り扱わなければならない環境からの圧力と要求，の二つである（House & Dessler, 1974）。そ

して，目標達成に至る道筋を明確にするのがリーダシップの役割であるとする。ハウスとデスラー（House & Dessler, 1974）は，状況要因として課題の構造化の程度を取り上げて，次の二つの仮説を立てている。

> 仮説1：課題の構造化の程度は，リーダーの道具的行動と呼ばれる仕事志向の行動と，部下の内発的および外発的満足感などの従属変数（結果変数）との関係に対して，負の仲介効果を持つであろう。すなわち課題の構造化の程度が低くなればなるほど，リーダーの道具的行動と従属変数の間の相関関係は大きくなるだろう。
> 仮説2：課題の構造化の程度は，リーダーの支持的行動と呼ばれる部下を支持したり，信頼したりする行動と従属変数（結果変数）との関係に対して正の仲介効果を持つであろう。すなわち，課題の構造化が高くなるほど支持的行動と従属変数との相関関係は大きくなるであろう。

彼らは二つの会社で質問紙調査を行なって，従属変数のいくつかを除き，これらの仮説をほぼ支持する結果を出した。課題の構造化とは，課題が単純か，反復的か，明確かの程度であり，課題が構造化されていないというのは，その課題が複雑で，非反復的であいまいであるということである。これらの仮説の前提には，構造化の低い課題は高い満足感を与えるという考えがある。なぜこのような仮説が導かれるかというと，次のように説明されている。課題の構造化の程度が低い場合，どのように職務をこなしたらよいか不明確になるため，リーダーの適切な仕事の指示は部下のモチベーションを高める。またこのような場合，先のわからないおもしろさのような仕事それ自体の満足は高いので，リーダーが人間関係志向的行動（配慮あるいは支持的行動）をする必要はない。反対に課題の構造化の程度が高い場合，部下はどのように仕事を進めるかわかっており，その上にさらにリーダーが仕事の指示を与えることは余計なものであると部下に受け取られる。そのため，リーダーの仕事志向的

行動（構造づくりあるいは指示的行動）と部下の職務満足感との相関は小さくなるだろう。仕事の仕方がわかっているので，先のわからないおもしろさというものはない，すなわち課題が与える満足は低いので，物足りなさを感じるかもしれないが，その物足りなさをリーダーの人間関係志向的行動が補い，リーダーの人間関係志向的行動と部下の職務満足感との正の関係が強まるのである。

　取り上げているリーダーシップ行動と状況要因については研究によって少しずつ違いがあり，ハウス（House, 1971）はリーダーシップ行動として構造づくりと配慮，状況要因として職務の自律性，職務のあいまいさ等を取り上げている。構造づくりとは，特定の仕事を割り当てたり，従うべき手続きを特定化したり，部下に対するリーダーの期待を明確にしたり，すべき仕事をスケジューリングすることによってリーダーが部下に対して心理学的な構造を教える程度を記述するのに使われる。配慮は，友好的で近づきやすかったり，集団の安寧を探したり，部下のためにちょっとしたことをしてあげたり，変化をあらかじめ気づかせたりすることによって，リーダーが心理的支持，暖かさ，友好性そして援助の支持的環境を作る程度を表わすのに使われる。

　ハウスとデスラー（House & Dessler, 1974）は構造づくりにあたる道具的リーダーシップ，配慮にあたる支持的リーダーシップ，そして部下を仕事に関する意思決定に参加させる参加的リーダーシップを取り上げ，状況要因としては職務の構造化を取り上げている。

　またハウスとミッチェル（House & Mitchell, 1974）は，リーダーの行動として指示的，支持的，達成志向的，参加的の四つを取り上げた。指示的リーダーシップは構造づくりに当たり，支持的リーダーシップは配慮に当たる。達成志向的リーダーシップは挑戦的な目標を設定し，部下が最も高いレベルの業績を上げるように期待して，そのようにできるであろうという信頼を示す。参加的リーダーシッ

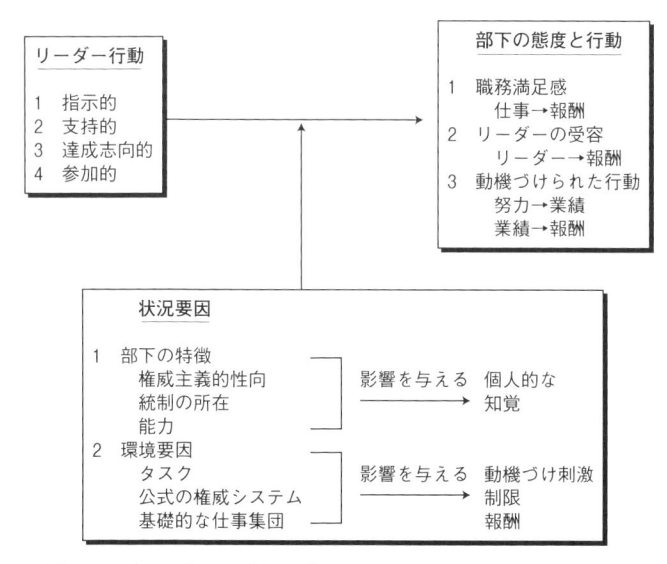

```
┌─────────────────┐                    ┌──────────────────────┐
│  リーダー行動    │                    │  部下の態度と行動    │
│ 1 指示的        │                    │ 1 職務満足感         │
│ 2 支持的        │──────────────────→│    仕事→報酬        │
│ 3 達成志向的    │                    │ 2 リーダーの受容     │
│ 4 参加的        │                    │    リーダー→報酬    │
└─────────────────┘                    │ 3 動機づけられた行動 │
         ↑                              │    努力→業績        │
         │                              │    業績→報酬        │
         │                              └──────────────────────┘
┌──────────────────────────────────────────────────┐
│  状況要因                                         │
│ 1 部下の特徴                                      │
│    権威主義的性向  ┐影響を与える  個人的な        │
│    統制の所在      ├──────────→  知覚            │
│    能力            ┘                              │
│ 2 環境要因                                        │
│    タスク          ┐影響を与える  動機づけ刺激    │
│    公式の権威システム├──────────→  制限          │
│    基礎的な仕事集団 ┘              報酬           │
└──────────────────────────────────────────────────┘
```

図4.4. パス・ゴール関係の要約（House & Mitchell, 1974 より筆者作成）

プは，部下に相談し，提案を求め，何かを決定する時にこれらの提案を大いに考慮する。そして状況要因として，一つには部下の特性として権威主義的性向，統制の所在，能力を挙げ，二つ目には環境の要因として，職務（タスク），公式の権威システムの影響，基礎的な仕事グループを挙げた。統制の所在（locus of control）とは，出来事を自分でコントロールできると思っている場合を内的統制と呼び，出来事を自分でコントロールしているのではなく，運，偶然など外からの要因によってコントロールされていると思っている場合を外的統制という（Rotter, 1966）。リーダーの行動が部下の態度と行動にどのような影響を与えるのかは，これらの要因により変わってくるのである（図4.4）。

(4) 変革を起こすリーダーシップ

1980年代，アメリカは政治的，経済的に停滞し，それを打破する

ような強いリーダーを求める社会の要請が強まった。また，コンティンジェンシー理論に基づいた研究も下火になり，カリスマ的リーダーシップ，変革型リーダーシップ，ビジョナリー・リーダーシップについての理論が生まれてきた（松原, 1995）。

カリスマとは古代ギリシャ語で「神様の贈り物」という意味である。ウェーバー（Weber, 1956）がリーダーを表わすのにこの言葉を使い，次のように定義している。

> 「『カリスマ』とは，非日常的なものとみなされた……（中略）……ある人物の資質をいう。この資質の故に，彼は，超自然的または超人間的また少なくとも特殊非日常的な・誰でもがもちうるとはいえないような力や性質を恵まれていると評価され，あるいは神から使わされたものとして，あるいは模範的として，またそれ故に『指導者』として評価されることになる」（Weber, 1956, 訳書, p.70）。

そして三つの支配の形態の一つにカリスマ的支配を挙げている（Weber, 1956）。その後，このカリスマの概念を発達させて1980年代にカリスマ的リーダーシップ，変革型リーダーシップ，ビジョナリー・リーダーシップなどのリーダーの傑出した特性に関する理論が出てきた。以前の特性論はすたれたが，再び特性に注目が集まったのである。これらの理論には研究者ごとに様々なバージョンがある。その中からいくつか紹介する。

パス・ゴール理論で有名なハウス（House, 1977）は，カリスマ的リーダーシップを「部下に尋常でないレベルでカリスマ的効果をもたらすリーダー」と定義し，その行動の特徴も挙げている。カリスマ効果とは，リーダーの信念の正しさについての部下の信頼，リーダーを無条件に受け入れること，などからなる。

バーンズ（Burns, 1978）は，変革型リーダーシップと交換型リーダーシップを区別した。変革型リーダーシップとは，リーダーとフ

ォロワーがお互いにモチベーションと道徳性のより高いレベルにいくような方法で，一人あるいはより多くの人が他の人と関わる時に起こる，と定義されている。それに対して交換型リーダーシップとは，リーダーとフォロワーの間の経済的あるいはそれになぞらえた交換に基づいたもので，フォロワーの自己利益に訴えるものである。バス（Bass, 1985）はバーンズのこれらの概念を測定可能な理論へ発展させた。バーンズは，変革型リーダーシップと交換型リーダーシップは連続体の両極であると考えたが，バスはそうは考えず，ある人は二つのリーダーシップのうち，どちらか片方のみ持っているという場合もあるし，どちらも持っているということもある，と考えた。そして両方のリーダーシップを計る測定ツールである MLQ (the Multi-factor Leadership Questionnaire) を開発して，このことを証明した。その他コージズとポズナー（Kouzes & Posner, 1987）も，バーンズの影響を受けて変革型リーダーシップを計る尺度を開発した。

ハウスとシャミール（House & Shamir, 1993）は，これらをまとめてカリスマ的リーダーシップをリーダーとフォロワーの相互作用から定義し，次のような効果を部下に及ぼすとしている。そしてこれらをカリスマ的リーダーシップの変革的効果と呼んでいる。

①リーダーが明言しているビジョンやミッションへ部下が献身することによって部下の自尊心が形成されること。
②フォロワーがリーダーの価値と目標を内面化すること。
③②の価値と目標への強い個人的，道徳的コミットメント。
④部下が集団や組織，チームのために自分の利益をよろこんで犠牲にすること。

3 リーダーシップ研究の近年の動向

　最近のリーダーシップ研究に影響を与えている主な要因は三つある。一つはモラル，二つ目はITの著しい発達，三つ目は組織のグローバル化である。まずモラルだが，これはエンロン事件など，近年アメリカの企業上層部のモラルの欠如から起こった事件により，企業におけるモラルに注目が集まったり，人々の意識の高まりにより企業の社会的責任が問われるようになってきたことを背景に，モラルを取り入れた新しいリーダーシップが提唱されてきている。次に，ITの著しい発達は働き方や働く形態を変え，バーチャルなチームなどを出現させている。これらをどのようにマネジメントするか，ということが大きな課題となっている。また，組織は今グローバル化しているが，マネジャーが異なる文化にいるメンバーに対してどのようにリーダーシップを発揮すればよいか，という問題が発生している。それらに関する研究も数多くなされている。この三つは相互に関係しているが，特にITの発達とグローバル化は密接に関係している。それでは，これから一つずつ見ていきたいと思う。

(1) モラルとリーダーシップ

　古くはバーナード（Barnard, 1938）が経営者にモラルが必要であることを論じたが，少し前まではリーダーはモラルをあまり大切にしていない，あるいはその必要がないと考えられていて，モラルにあまり注意が向けられてこなかった。しかし，近年のエンロンやワールドコムなど企業のトップの不正をめぐる数々の事件を受けて，企業におけるモラルが注目されるようになってきた。それに伴って，アカデミックな分野においても，モラルを取り入れた新たなリーダーシップが提唱されてきている。それらはオーセンティック・リーダーシップ（authentic leadership），スピリチュアル・リーダー

シップ（spiritual leadership）そしてサーバント・リーダーシップ（servant leadership）である。

ところで，トレビーノら（Trevino, Hartman, & Brown, 2001）はモラル・パーソンとモラル・マネジャーとの違いを述べている。現在，一般の社員といえども何らかの不祥事を行なうと属する企業のイメージを悪化させるので，企業のすべての従業員にモラルを持った人，すなわちモラル・パーソンであることが求められている。しかし，マネジャーはモラル・パーソンであるだけでは十分ではなく，モラルを企業の隅々まで行き渡らせる努力をするモラル・マネジャーであることが求められている，と彼らはマネジャーの役割を強調している。

さて，企業のリーダーシップとモラルを論じる場合に問題になってくるのは，モラルを重んじていて企業の効率が落ちないかという点である。モラルに注目が集まってきたのは効率のみを優先したことに対する深い反省があるのだろうが，企業にとって利益を上げて存続していくというのは大事なことである。モラルを重んじて会社の利益を損なってもいいのか，ということである。この点に関しては多くの研究が，人間としてモラルが必要というだけではなく，モラルがあった方が結局は会社の利益になる（Trevino, Hartman, & Brown, 2001）という，モラルと効率は両立するのだという結果を出している。

それでは，先に述べたモラルに関した最近の三つのリーダーシップ，すなわちオーセンティック・リーダーシップ，スピリチュアル・リーダーシップ，サーバント・リーダーシップを順に見ていくことにしよう。

1) オーセンティック・リーダーシップ　オーセンティック・リーダーシップとは，日本語に訳せば「本物のリーダーシップ」であり，様々に定義されている。例えばアボリオら（Avolio, Gardner,

Walumbwa, Luthans, & May, 2004)は「オーセンティック・リーダーとは，他の人々と交流しながら，自分自身が何者であるかを知り，自分が信じ価値をおいているものを知り，それらの価値と信念に基づいて行動する，本物の高いレベルを成し遂げる人々である」と述べている。シャミールとエイラム（Shamir & Eilam, 2005）は，それらすべての定義が恣意的であるとして，オーセンティック・リーダーを字義どおりに本物のリーダーシップと定義する，としている。

さらに上記のアボリオらは，オーセンティック・リーダーがどのようにフォロワーの態度や行動，パフォーマンスに影響を与えているのかについての初期の基礎研究を行なってモデルをつくった。彼らは，オーセンティック・リーダーの「オーセンティシティ」すなわち本物，真正さというものの重要な点は，自己を知り，受け入れて，自己に対して忠実であること，としている。また，ガードナーら（Gardner, Avolio, Luthans, May, & Walumbwa, 2005）は，オーセンティック・リーダーだけでなくオーセンティックなフォロワーというものを考えた。オーセンティック・リーダーをモデルとして肯定的にまねることがオーセンティックなフォロワーをつくりだす第1の手段であり，オーセンティックなリーダーとオーセンティックなフォロワーの関係は，フォロワーのリーダーに対する高いレベルの信頼，職場の繁栄と真の持続する業績などをもたらす，と仮定している。

2) スピリチュアル・リーダーシップ　　フライ（Fry, 2003）はスピリチュアル・リーダーシップの特徴として，第1にビジョン，第2に利他的愛，第3に希望／誠実を挙げている。さらに，彼はスピリチュアル・リーダーシップの目的として，ビジョンを生み出すことと，チームと個人レベルの価値の一致を生み出すこと，より高いレベルの組織コミットメントと業績を生み出すこと，を挙げている。先ほど述べたように業績を上げることも目的の一つとなってい

るのである。そしてスピリチュアル・リーダーシップは，実際にチームを貫く価値の一致を生み出し，個人レベルでは，全体的により高いレベルの組織コミットメントと生産性，従業員の繁栄をはぐくむ，という効果を持つ (Fry, Vitucci, & Cedillo, 2005)。

パラメシュウォー (Parameshwar, 2005) は，ガンジー，マザー・テレサなどの国際的に有名な10人の人権リーダーが，チャレンジングな環境との非暴力でスピリチュアルな戦いをとおしてどのように社会的イノベーションを導いたのかを，彼らの自伝から多くの出来事を取り出して分析している。

3) サーバント・リーダーシップ　サーバント・リーダーシップという考えを最初に提唱したのはグリーンリーフ (Greenleaf, 1977) である。サーバント・リーダーシップとは，他者への大きな奉仕などを強調する。その特徴は利害関係者の要求に注意を向け，モラル的な要素を持ち，自己犠牲的である，ということである (Greenleaf, 1977)。グリーンリーフの考えを広めようと活動しているグリーンリーフ・センターの日本支部は，ホームページで「リーダーである人は『まず相手に奉仕し，その後相手を導くものである』という実践哲学をサーバント・リーダーシップと言います」，と記している*。

ストーンら (Stone, Russell, & Patterson, 2004) は，変革的リーダーシップとサーバント・リーダーシップの概念の間にどのような類似と差異があるのかを検証し，この二つでは焦点が違うとしている。変革的リーダーシップの焦点は組織である。彼らの行動は組織目標に向けてのフォロワーのコミットメントを築き上げる。一方サーバント・リーダーシップの焦点はフォロワーであり，組織目標の

---

*) グリーンリーフ・センター・ジャパン
　http://www.gc-j.com/sl01.html (12/17/2008 referred)

達成は副次的な結果である，としている。また，ジョセフとウィンストン（Joseph & Winston, 2005）によると，サーバント・リーダーシップに導かれていると従業員が知覚している組織ではそうでない組織よりも，従業員はリーダーと組織に対してより高い信頼を示した。

　これらのリーダーシップは，キリスト教文化と深く関係しているように思われる。スピリチュアリティ（spirituality），利他的愛などが企業のリーダーシップに関して言われるのは少し違和感を感じるが，日本においてもリーダーには「徳」が必要，などと言われることと通じるところがあるのかもしれない。しかし，これらが日本でも適用できるのかはさらに詳しい検証が必要である。また，普遍的なモラルと，ある文化に特徴的なモラルというのがあるのではないかと思われるが，これらのリーダーシップで使われているのは，あくまでもアメリカ的なモラルである。

(2) ITの発達とリーダーシップ

　ITの発達は働く形態や職場を劇的に変えた。その一つに，バーチャル・チームやバーチャル・オフィスの出現がある。これらは異なる場所にいて，同僚と顔を合わせることなくインターネットなどITを使い連絡を取り合って仕事をする形態である。特にバーチャル・チームは，チーム・メンバー同士が顔を合わせることなく一つのチームとして協力し合って仕事をするのである。このようなチームをどのようにマネジメントするのか，ということは重要な問題となっており，バーチャル・チームのリーダーシップに関する研究が近年アメリカで多くなされてきている。

　メンバーの所属期間が比較的短く，地理的に分散し，お互いが顔を合わせる相互作用はまれであるという特徴を持つバーチャル・チームでは，同じ場所で対面して仕事をする伝統的なチームと比較

して，メンバーの満足感とチームの凝集性が小さいということが一貫して見出されている（Zaccaro, Ardison, & Orvis, 2004）。チームの成功を導くために，これらを解決することがバーチャル・チームのリーダーには求められてくる。そのキーとなるものの一つが信頼である。バーチャル・チームでは，一般的に伝統的チームよりメンバー間およびチームに対する信頼が低く（Vogl, Simkin, & Nicks, 2005），それは対面していないことが大きな原因であると思われる。それでも，コミュニケーション・テクノロジーのさらなる発達は，物理的な距離があっても信頼をつくるのを助けてくれる。そして，リーダーは素早く信頼を育てる必要があり，そのためのコミュニケーション能力が求められる。信頼は，このチームが仕事を達成できるのだという信念である集合的効力感（Bandura, 1986）をチーム内につくりだし，チームの成功を助けてくれる。このような信頼の役割，信頼をどのようにつくりだすかなど，バーチャル・チームに関する信頼の研究は数多くなされている。なお，IT によって仲介されるリーダーシップはイー・リーダーシップ（e-leadership）と呼ばれ，成功するためにイー・リーダー（e-leader）は関係と信頼を築かなくてはならない（Avolio & Kahai, 2003），とも指摘されている。

　他方，重要であると認識されてはいるが，バーチャル・チーム内の感情に関する研究はあまり行なわれていない（Zaccaro et al., 2004）。仕事上の葛藤はチーム決定の質，理解，受容と正の相関があるが，感情的な葛藤はチームの決定に悪影響を及ぼす（Amason, 1996）など，バーチャル・チームにおける感情の問題は重要であり，リーダーがメンバーの感情をどのように取り扱わなくてはならないか，などは今後の研究が待たれる分野である。

　またスプレイツァー（Spreitzer, 2003）は，バーチャル・チームにおいてカリスマ的なリーダーシップは伝統的なチームほど重要ではないが，変革的なリーダーシップ（Bass, 1985）は重要であると指摘

する。後者の特徴であるビジョンを与える，ロールモデルとなる行動をする，などはバーチャル・チームにおいても大事であると思われる。そして彼はローゼンら（Rosen, Frust, Blackburn, & Shapiro, 2000）の研究を紹介している。それは500の会社においてバーチャル・チームの創設あるいは管理に責任を負ったエグゼクティブたちを調べて，人やチームを結びつけるスキル，交渉能力，文化の差に対する敏感さなどに基づいてバーチャルなリーダーは選ばれたのかもしれない，としている。特にバーチャル・チームに限らず，ITの研究における文化理解の重要性を指摘する研究もあり（Leidner & Kayworth, 2006），国を越えたバーチャル・チームが多く存在する今日，文化に関して理解あるリーダーが求められている，と言えるだろう。このようにバーチャル・チームに関するリーダーシップは今後ますます研究が求められている分野である。

(3) 組織のグローバル化とリーダーシップ

　組織のグローバル化に伴うリーダーシップに関しても，たくさんの研究が行なわれている。デン・ハートグら（Den Hartog, House, Hanges, Ruiz-Quintanilla, & Dorfman, 1999）は，次のような研究を行なった。異なる文化集団においてはリーダーシップに何が必要とされるのかについての異なる知覚を持つ可能性が高い，と文化横断的な研究は強調する。しかし，カリスマ的・変革型リーダーシップに関連するリーダーの属性は，傑出したリーダーシップを持っていると認められるために必要なものとして，文化を超えて普遍的に支持されるのか。この点を彼らは62の文化の中で検証した。結果は，カリスマ的・変革型リーダーシップの特定の側面は文化を超えて強くかつ普遍的に支持される，というものであった。組織のグローバル化とリーダーシップについては，他にケイワースとレイドナー（Kayworth & Leidner, 2000, 2001/2002），ケッツ・ド・ブリーズと

フローレント‐トリーシー（Kets de Vries & Florent-Treacy, 2002），マニング（Manning, 2003）等の研究がある。

　組織のグローバル化とリーダーシップのこれらの研究では，文化と信頼というものがキーとなっている。文化に関してはこれ以外にも，トーマスとラブリン（Thomas & Ravlin, 1995）の研究がある。この研究の参加者は，日本の製造業のアメリカ合衆国の子会社の従業員であり，彼らにアメリカ人の部下と話し合っている日本人マネジャーのビデオテープを見せて，それに対する反応を調べた。その結果，外国人マネジャーが現地の文化に適応しているということは，彼らと自分たちが似ているという知覚，マネジメント上の有効性と正の相関があった。また，スカンデューラとドーフマン（Scandura & Dorfman, 2004）は，ある文化に固有のリーダーシップを超えて普遍的なリーダーシップについて焦点を当てている。

　ここで取り扱ったリーダーシップ理論は，すべてアメリカで生まれたものである。これらは他の国でも通用するのだろうか。特にここで扱われているモラル的価値観はどの国でも当てはまるものなのだろうか。これに答えるのは今後の課題であるが，そのためには日本とアメリカのいくつかの違いを検討しなければならないだろう。例えば，インセンティブ・システムの違い，上司‐部下関係の違い，労働規範の違い，その他社会的状況の違い，などである。

5 現代社会と企業経営

1 環境マネジメント

　近年多くの企業は，国や自治体における環境規制の遵守にとどまらず，長期的ビジョンに基づく環境経営へと方針転換を図っている。換言すれば，先駆的な環境マネジメント・システムの導入をビジネスチャンスと捉え，他社との差別化を可能にする環境戦略が顕著になってきたのである。IPCC（気候変動に関する政府間パネル）の第4次評価報告書2007では，人為的に排出されるCO_2等の温室効果ガスが気候変動の大きな要因と考えられ，気温上昇は加速していることが示唆された。これに対し，国家間の排出量取引や，海水の淡水化などの環境技術開発・普及が進められるなか，日本企業は発展途上国における環境プロジェクト（CDM：クリーン開発メカニズム）や，今後の事業に向けた「廃棄物管理」「バイオマス利用」「再生可能エネルギー」等の調査にも取り組んでいる[1]。

　本節では，①資源・エネルギー産業における環境CSR（Corporate Social Responsibility：企業の社会的責任）の事例と②業務部門の環境マネジメントを支援する「グリーンIT」を取り上げ，最後に③企業が直面した水資源の枯渇問題と，環境CSR評価指標の例であるSRI（社会的責任投資）について述べる。

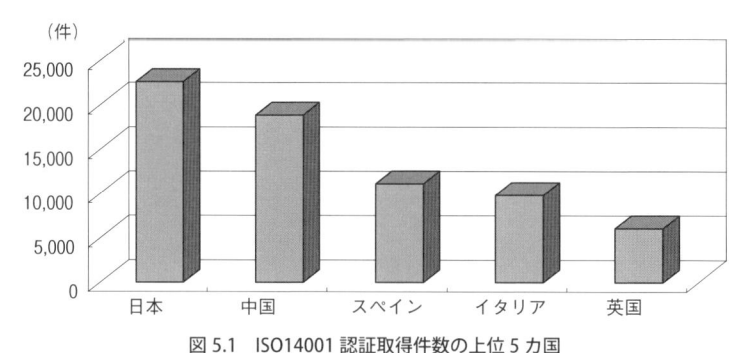

図 5.1　ISO14001 認証取得件数の上位 5 カ国
(The ISO Survey of Certifications, 2006 をもとに筆者作成[2])

(1) 資源・エネルギー産業における環境 CSR

　日本企業による ISO14001（環境マネジメント・システムの国際規格）認証取得件数は約 2 万件である（図 5.1）。世界における様々な企業活動の基盤となる資源・エネルギー産業が実践する環境経営の事例を紹介する。

　1）BP の事例：石油会社から「エネルギー総合企業」へ　　BP は英国に本社を置き、グローバル企業としてこれまで広く知られてきた。石油会社からの脱却を図り、「消費者の生活・及び企業活動に必要なエネルギー資源を提供する」という企業ミッションを軸に、天然ガスや水素、さらにはソーラーパネル生産や CO_2 を地中に貯蔵する環境技術開発にも着手した。このような社会・経済情勢の変化に伴う消費者ニーズの多様化を見据えた環境経営戦略 "Beyond Petroleum（石油を越えて）" を現在掲げている（枝廣, 2008）。他社に先駆け、化石燃料から代替燃料へとマーケットを開拓し、BP は石油企業から「エネルギー総合企業」へと進化した結果、新しい再生可能エネルギー分野においても成功を収めている。

　2）速水林業の事例：「環境配慮型の森林経営」　　国産木材を提供する速水林業は、日本ではじめて FSC（森林管理協議会）国際認

証を取得した企業として評価が高い。社会的利益と森林管理の両立等が推進され，FSC ロゴマーク入り商品として流通されている。適切な森林管理は，森林の水資源涵養機能を高め，集中豪雨による地すべり被害の軽減等，地域社会における気候変動対策への貢献にもつながる。このような森林の多面的機能にも配慮したマネジメント手法が国際的に認められた結果，商品価値が高まり，国内外から直接購入を希望する消費者も増えたという。生産者と消費者の流通が短縮されれば価格高騰リスクが軽減され，経済的にも持続可能な林業経営が期待できる[3]。また，木質バイオマスエネルギー（木質ペレット等）も注目されており，林業は日本のエネルギー自給率向上の原動力にも成り得ると考えられている（枝廣, 2008）。

　資源・エネルギー企業による持続可能な環境 CSR 戦略は，長期的な企業利益の追求にとどまらず，既存資源の有効利用を再認識させ，新エネルギーの可能性を示唆するという点でも大きな社会的意義を持つ。あらゆる企業活動の根幹を成す資源・エネルギー産業の経営姿勢は，環境配慮型商品の R & D を担う製造業や，消費者のライフスタイルへの波及効果も大きく，環境マネジメント分野での牽引的役割を果たすといっても過言ではない。

(2) 業務部門における環境マネジメント ―グリーン IT ―

　京都議定書において，日本は 1990 年比で温室効果ガスの 6% 削減が規定されているが，環境省（2008）によると製造部門と比較し，（オフィスを含む）業務部門等からの CO_2 排出量は増加傾向にある。これら部門における改善策の一つとしてグリーン IT が挙げられる。グリーン IT は Green Computing とも呼ばれ，人や物の移動を IT の利用により軽減することや，IT 機器の製造・利用・廃棄段階における環境配慮などを指す（栗原, 2008）。

表 5.1　IBM　"Project Big Green"のアプローチ
(IBM, 2007 をもとに筆者作成[4])

5つのアプローチ	
診断	現状把握と目標設定
建設	効率の良いデータセンターの設計・建設・改修
仮想化	仮想化テクノロジーの提供
管理	電力管理ソフトウェアで消費電力をコントロール
冷却	新テクノロジーを用いた効果的な冷却

　ITのリーディングカンパニーは，自社の業務におけるグリーン化と並行し，顧客のグリーンITの推進も行なっている。例えばIBMは，データセンターやサーバなどの省エネを実施する"Project Big Green"に，毎年10億ドルを投資していくことを発表した（表5.1）。具体的には，IBMのCO_2排出量を2012年に（2005年比）12％の削減目標，製品の省電力化や，顧客のエネルギー効率向上に向けたITソリューションの提供等が含まれる（市嶋, 2007）。

　CO_2排出量の削減には，業務部門における電力消費の抑制が不可欠である。例えば，集積したサーバからの排熱処理に費やされる電力コストは，3年で新サーバ導入コストの70％を超えるという[5]。資源高騰のリスクを踏まえれば，情報システムのコストは今後，機器導入後の電力コストの影響をより一層受けることが予想される。グリーンITによって達成された環境負荷軽減の定量的な評価方法としてLCA（ライフサイクル・アセスメント）があり，製造→輸送→販売→使用→廃棄→再利用までの製品ライフサイクルが分析対象となる（栗原, 2008）。

　例えば，電子会議やテレワーク，情報システム効率化等でIT機器の使用台数が減少した場合，環境負荷削減分はIT機器の使用時に放出していたCO_2のみではなく，原材料（非鉄金属等）の生産過

程から機器のリサイクル段階までに放出される CO_2 を包括的に捉えることを意味する。

(3) 環境 CSR の評価指標

現在，諸外国では様々な気候変動政策が導入されており，環境税・低炭素社会構築のための公共交通政策・資源枯渇対策等が挙げられる。例えば，米国ネバダ州ラスベガスでは，多くの水を必要とする芝生の縮小を進めるゴルフ場へ助成金が導入され，芝生面積を縮小する動きが広まっているという[6]。そのため，芝生業者は乾燥に強い植物などの研究へと方針転換を強いられている。またインドでは，外資飲料メーカーが，急速に大量の地下水を汲み上げたため，地域住民の井戸が枯渇し，工場閉鎖に追い込まれた事例も存在する (Shiva, 2005)。

毎年，企業が公表する CSR 報告書やサステナビリティ（持続可能性）・レポートは，環境・雇用・社会貢献を含む多角的な取り組みをもとに構成されており，詳細な数値データも掲載されている。欧米諸国ではこれら企業の社会・環境活動・環境配慮を求める株主行動等が SRI (Socially Responsible Investment：社会的責任投資) で評価され，米国の 2005 年における SRI 市場規模は約 270 兆円，欧州では約 150 兆円である（谷本, 2007）。一方，日本の SRI（エコファンドを含む）市場は約 4,000 億円と未だ小さい（河口, 2007）。日本初の SRI 型投資信託は，1999 年に販売されたエコファンドであった。SRI の認知度は高まりつつあり，日本における SRI の進展が期待される。

環境規制の強化は，企業が経営戦略の再構築や環境マネジメントに着手する契機となることが多い。しかし ISO 等の認証取得後，システムの継続が困難となるような状況を生み出してはならない。持続可能な環境マネジメント戦略を策定し円滑なシステム運用を行な

うことが，企業ブランド価値の向上・有能な人的資源の確保・海外市場でのシェア拡大において，今後重要な鍵を握ると考えられる。

2　CSRマネジメントの実践

(1) CSRの台頭

　現代社会の中で活動する企業は，決して他のものから切り離されて存在するわけではなく，まわりの社会環境との間で様々な関係を保ちながら活動を続けている。そのため，現代企業は本来的に社会性を身につけた社会的存在だとみなされる。しかも，その場合の社会という概念には，もはやある特定の狭い地域社会から次第にその輪を広げ，全世界を見渡すようなグローバルに拡大された国際社会まで含まれている。今や，企業と関係を持つ社会の範囲は，地域社会から地球社会へと限りなく広がっている。そのように社会的存在として活動を展開する現代企業が，直接的に利害関係を有するステイクホルダーに対して，企業の社会的責任（CSR）を重視した経営をどのように行なっていくのか，それこそが「CSRマネジメント」という言葉の持っている意味である。いま，企業活動をめぐって多くの人々が注目しまた関心を寄せている問題，それがこのCSRマネジメントにほかならない。

　言うまでもなく，現代企業は資本主義制度のもとで私的に所有され，基本的に自由な活動を展開する組織体である。だが，上述のように，その現代企業も今や単なる私的存在物ではなく，社会的性格に色濃く彩られた「社会の公器」である，とまで考えられている。またその点にこそ，現代企業が社会に対して果たすべき責任として，CSRが強く叫ばれる根拠がある。そして，現代企業は社会を構成する様々なステイクホルダーの利益を重視した経営をどのように行なっていくのか，そうしたCSRマネジメントの真価が，今まさに問わ

れている。

(2) 企業の二重性と「共生」の基本理念

　以上のように，社会的性格を強く有する資本主義企業の活動は，今や私たちの日常生活にとってなくてはならないものである。私たちが毎日の生活を営むうえで必要な物財やサービス，その生産と流通の機能を果たしている企業が，もし一日でも自らの活動を停止したなら，たちまち私たちの社会は大混乱を引き起こしてしまう。企業活動が私たちの日常的な生活のあらゆる分野に入り込み，不可欠な役割を演じている。しかし他方では，現代企業は依然として資本主義企業としての私的な性格を持っている。資本主義的な所有構造に規定され，企業の活動は利潤を求めて展開され，利潤獲得を基本的な目的にして繰り広げられている。また，企業活動がどのように展開されるのか，その意思と行動のあり方も私的に，また自由に決定される。

　こうして現代企業は，一方で社会的性格を持ちながら他方では私的性格に彩られており，そうした二重性の統一物という基本的な性格を有している。資本主義企業である以上，そうした二重性から解放されることはない。そのような二重性を持った現代企業は，果たしてどのようにCSRマネジメントを実践していくのか。まず，CSRマネジメントを実行する際に基本理念が必要となるが，それは企業が社会とともに生きていくという意味で「共生」という概念に求められる。企業活動は，まず何よりも企業自身の利益のために行なわれる。企業は自己の利益を追求し，自ら成長し発展することを目的として活動するものであり，そうした私的責任を持った存在である。しかし，そうして私的責任を有する企業は，同時に社会を構成する様々なステイクホルダーのために活動するという社会的責任を有している。そのため，企業活動と密接に関わる従業員，取引先，

消費者，さらには企業の近隣で生活を営む地域住民など，多くのステイクホルダーに対して社会的責任を果たさねばならない。「共生」というCSRマネジメントの基本理念は，そのような私的責任と社会的責任を統一的に捉え，それらを同時に遂行することによって実現される。まさに，企業と社会とは互いに影響を与え合いながら「共に生きる」のである。こうしてCSRマネジメントの基本理念である「共生」という概念を，実際に自らの経営理念のうちに明確な形で打ち出した企業として京セラ（株）がある。同社の経営思想の中には，「社会との共生。世界との共生。自然との共生」が唱えられ，「共に生きる（Living Together）ことをすべての企業活動の基本に置き，豊かな調和をめざす」と規定されている（日本経営協会編，米倉誠一郎監修『わが社の経営理念と行動指針』日本経営協会総合研究所，1999, pp.42-44）。

(3) CSRマネジメントの内容

　互いに独立した存在であり，また互いに利害の方向を異にし，場合によっては利害対立さえ生み出す様々なステイクホルダーに対して，そのステイクホルダーの利益を実現することを重視し，それを具体的に自らの活動に織り込み反映させるマネジメント，それが「CSRマネジメント」に他ならない。では，実際に様々なステイクホルダーに対して，どのような内容を持ったマネジメントが展開されるのだろう。

　まず，労働者ないし従業員というステイクホルダーについてはどうか。企業にとって労働者は大事なステイクホルダーであるが，その労働者に対して社会的責任を自覚した対応をしなければならない。企業にとって，労働者に対する社会的責任は，その労働力を労働市場から購入する活動，すなわち雇用の段階から開始される。もちろん，雇用は企業が労働者を労働市場から迎え入れる一つのプロセス

であり，労働者にとっては自己の労働力を賃金と引き換えにして企業に売り渡すことを意味している。その際，あくまで企業と労働者とは対等平等の関係で労働力商品を売買することになる。だが，現実には雇用の契約を結ぶ際に，企業と労働者との間には決して対等平等な関係があるのではなく，企業側に有利な関係が形成されている。それは，一般に販売者と購買者との間では購買者の側が優位に立つということだけでなく，やはり労働力という特殊な商品の売買という事実に起因する。労働力商品の売り手である多数の労働者は，自己の生活のために熾烈な販売競争を展開することになり，反対に買い手である企業は，多数の労働者から最も優れたものを選抜できるのである。

しかし，企業はそうした有利な立場を利用して，労働基準法や最低賃金法などの法令に違反した悪い条件で契約を結ぶようなことがあってはならない。法令遵守という基本的な社会的責任をきちんと果たして雇用しなければならない。また，雇用の過程で企業は女性労働者に対して不当な扱いをしてはならず，男女機会均等法というルールに従った雇用をしなければならない。まさに企業によるCSRマネジメントの実践力が問われる問題である。

さらに，最も新しい今日的な問題として，企業による雇用分野では派遣労働者や期間工などの非正規雇用の問題がある。雇用形態の多様化という美名のもとで労働者派遣法が制定され，それが次第に規制緩和されるに伴って派遣労働の適用範囲が拡大されていき，最終的には製造業も含めて原則自由となった。こうした労働者派遣制度を容認して積極的に導入する派遣先企業には，派遣労働者も労働者である以上，彼らの勤労権を認めて基本的に正規社員と同等に処遇する責任がある。間違っても景気や雇用の調整弁として，簡単に解雇するようなことがあってはならない。だが近年，金融危機に端を発した景気後退を背景にして，例えばトヨタ自動車をはじめとし

た自動車産業全体で,「派遣切り」や「期間工切り」と称される大量解雇や雇い止めなどの状況が続出している。まさに,働く者の雇用をいかにして守っていくのか,企業によるCSRマネジメントの真価が厳しく問われている。

　次に,企業外部のステイクホルダーに対するCSRマネジメントとして,消費者への社会的責任の問題がある。企業は消費者というステイクホルダーに対して,自ら生産した製品をとおしてCSRを実践しなければならない。「良い商品をより安く」消費者に提供することは,企業にとって基本的なCSRマネジメントである。だが,近年の食品企業による社会的不正・不祥事の頻発という事実は,そのCSRがいかに軽視され,ないがしろにされているかを端的に物語っている。食品の産地を偽装したり,あるいは菓子製品の賞味期限を改竄するなど,儲けのためには手段を選ばずというように,食品メーカーの私的な利益至上主義が露骨に現われた事件である。特に食品企業の場合,自らの製品について「いつ,どこで,どのように」生産したのかという大事な情報を,正しく消費者の側に知らせる責任がある。ところが近年,「いつ」(有名な菓子メーカーによる賞味期限の偽装),「どこで」(中国産を日本産と偽ったウナギ販売会社),「どのように」(豚肉を牛肉に混ぜて製造・販売した食肉業者) など,食品企業でCSRマネジメントに違反する無責任な不正・不祥事が頻発した。こうして重大な事件を引き起こした企業にとっては,CSRマネジメントの原点である共生という基本理念に立ち返った経営に努め,早急に失った消費者の信頼を回復することが求められる。また,それは「衣食住」という人間生活の基本的な営みの中で最も大事な「食」について,「安全な商品」を提供する使命を担っているという自覚の欠如がもたらした事件でもある。消費者というステイクホルダーに対して果たすべき基本使命を自覚し,企業活動の一体どこに問題があったのかを検討して,早急に根本的な企業

改革を実行しなければならない。

(4) CSR マネジメントの意義と方法

　現代社会では，企業の成長と発展にとって CSR マネジメントは決定的に重要な意味を持っている。なぜなら，企業が順調に成長し発展していくには，社会から継続的に支持され信頼される企業でなければならないが，CSR マネジメントは，そのための絶対的な必要条件だと言っても過言ではないからである。今や，社会からの信頼を喪失するような企業に明日はない。

　では，一体どうすれば企業は CSR マネジメントを積極的に展開できるのか。そのためには，CSR 活動そのものが企業の行なっている本来的な事業活動から切り離されたり，まったく別物として取り扱われるようなことがあってはならない。むしろ逆に，様々な CSR の実践が，企業の本来的な事業活動のうちに自然な形で無理なく組み込まれていることが重要である。もちろん，CSR 活動それ自体は企業の営利活動そのものではないし，また営利活動の手段であってはならない。しかし，だからと言って営利活動とは無縁のもの，何か非常に高潔で高邁なものとして特別視するのも正しくない。

　また，CSR 活動は決して一時的な打ち上げ花火で終わってはならない。長期にわたって，その企業が活動を続けていこうとする限り，まさに蝋燭の火のように，目立たなくても継続性を持って実践されねばならない。そのためにも，CSR 活動について考え，先頭に立ってそれを担っていく専門部署を設置し，また企業の経営理念や行動指針などに社会的責任の思想を明確に謳い上げ，さらに CSR マネジメントに関して日常的に企業内で教育・訓練を実施するなど，いわゆる「社会的責任の制度化」が重要となってくる。そして，CSR への意識を高めて，その具体的な方策を企業の本来的な事業活動の中にしっかりと組み込み，それが企業構成員によって何の違和感も

なく自然のうちに実践されることが大切である。もちろん言うは簡単だが，現実にそのような企業活動を実践することは容易ではない。しかし，たとえそのように CSR マネジメントへの道が険しいものであっても，それを実践しない限り企業の維持・発展も保証されない時代である。まさに，現代企業は CSR マネジメントという目的地に向けた不断の取り組みを怠ってはならないのである。

3　マネジメントとコーポレート・ガバナンス

(1) コーポレート・ガバナンスの起こり

日本では，1990 年代初頭のバブル経済崩壊以降，雪印の食品偽装やライブドアの証券取引法違反，NOVA の経営破綻など，国民からの信頼を裏切るような企業不祥事が続発している。また，企業不祥事の多発に伴う企業業績の低迷は，大規模なリストラや事業規模の縮小などを招いている。このような背景をもとに，コーポレート・ガバナンス問題が，企業不祥事の防止および企業競争力の強化を目的として議論されてきた。そして，この問題は，今や，先進諸国だけでなく市場経済移行国や発展途上国においても拡がり，学問的な展開としても企業倫理や企業の社会的責任などの重要性を呼ぶに至っているのである。

コーポレート・ガバナンス論は，諸説紛紛としているが，平田 (2003, p.34) によると，「コーポレート・ガバナンス問題はつまるところ経営者問題にほかならない」との言及がある。また，吉森 (2005, p.11) は，「企業統治とは，①経営者はだれの利害関係者のために経営すべきか？（企業概念）②経営者をだれが，いかに監視するべきか？（経営監視）③経営者の動機付けをいかにすべきか？（企業家精神），に対する答え」と定義している。ここからも，コーポレート・ガバナンス問題は，21 世紀における株式会社のあり方を

も提起する問題を内包しているとわかる。

(2) コーポレート・ガバナンスにおける企業経営機構改革

　経営者は，コーポレート・ガバナンス改革の実行に当たり，図5.2に示される体系を念頭に置いている。具体的に，経営者は，左に表される「経営機構改革」の実施を狭義のコーポレート・ガバナンスと捉える。ここでは，機動性のある開かれた経営機構を構築するために，意思決定と監督の分離を図り独立する委員会の設置や，経営陣による委員会への説明責任の徹底などが行なわれる。そのうえで，企業経営者は，中央およびと右に表わされる，利害関係者への「情報開示・透明性」の向上を広義のコーポレート・ガバナンスとして改革を行なうのである。ここでは，株主総会などにおいて株主を中心とした各利害関係者への情報開示を果たすことなどが強化される（小島，2004）。

　ただし，コーポレート・ガバナンス改革は，国・企業ごとに異なる企業法制度や経営システム，企業文化などを考慮しながら実践されなくてはならない。とりわけ，狭義の「経営機構改革」における意思決定と監督，執行に関わる仕組みに関する理解は，コーポレート・ガバナンス改革の中核に当たるため，注意して取り組まれなくてはならない。

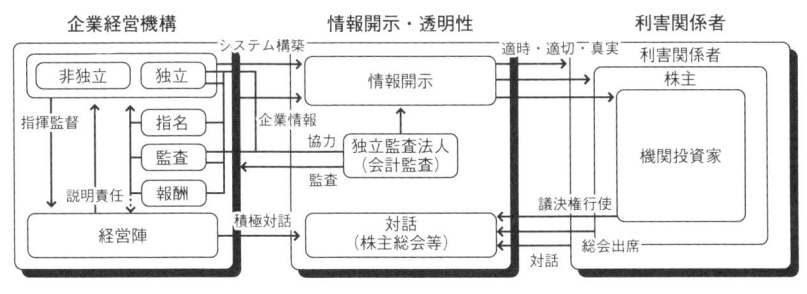

図5.2　コーポレート・ガバナンスの全体像（小島，2004, p.11）

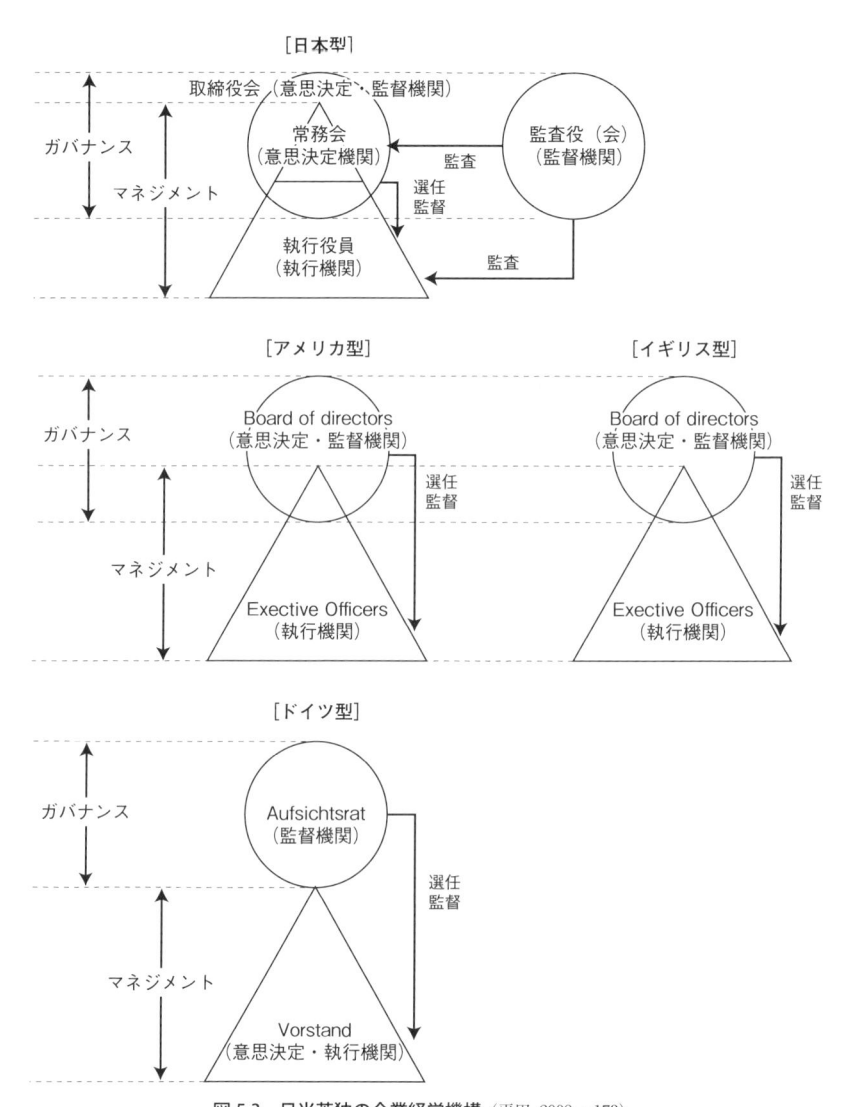

114　第5章　現代社会と企業経営

図 5.3　日米英独の企業経営機構（平田, 2008, p.173）

(3) 各国における企業経営機構の仕組み

各国の経営者による取締役会改革は，図5.3で示されるような経営機構の仕組みを理解したうえで促進される。アメリカとイギリスは，「一元一層制」を採用している。ここでは，取締役会は，業務執行の意思決定と監督機関との間の垣根を取り払った一元となっている。そして，執行機関は，CEO（正式名称は「最高経営責任者」）をトップとする一層の業務執行機関となっている。一方，ドイツは，「一元二層制」を採っている。ここでは，取締役会は，業務執行と監督機関を一元化する。また，執行機関は，業務執行の意思決定および業務執行機関である。つまり，執行機関は，業務執行と意思決定の二つの役割を担っている（二層である）ことになる。

日本企業では，古くから「二元一層制」を採用していた。日本の企業経営機構制度は，一般に株主総会，取締役会，代表取締役および監査役（会）の四つから構成されているが，日本の場合は，取締役会は業務執行の意思決定および監督機関であり，社長をトップとする常務会や経営会議，経営委員会，執行役員会などは業務執行機関である。そして，監査役（会）は業務執行の監査機関である[7]。

(4) 取締役会の形骸化

日本企業の取締役会は，形骸化の傾向があった。日本の株式会社における業務執行は，法的には，取締役会によって決定され，代表取締役およびこれを補佐する業務執行取締役によって行なわれ，取締役会によって監督されることになっている。しかし，現実には，業務執行についての事実上の決定は，代表取締役およびこれを補佐する業務執行取締役のもとで行なわれ，取締役会には単に形式的同意を求めているにすぎなかったのである。そのため，バブル経済の崩壊と時を重ねるかのように，1991年以降から，ソニーなどを皮切りとして，執行役員の導入や社外取締役の導入などにより，取締役

会のスリム化および透明性の向上を図ることが推進されている。

　21世紀に入り，アメリカにおいてエンロンやワールドコムなどの巨大企業が破綻した。これにより再考を促された各国のコーポレート・ガバナンス問題は，日本の経営機構をも再構築することとなった。今日，日本では，従来の「一元二層制」である監査役設置会社に加え，アメリカ・イギリス型の「一元一層制」の委員会設置会社が採用されている。委員会設置会社では，取締役会内に，報酬・指名・監査という3委員会を設置した。報酬委員会では，取締役と執行役の報酬に関して，最終的な決定権を持つようになった。指名委員会では，取締役と執行役の選任および解任について，取締役会以上に権限が強化されることになった。同様に，監査委員会では，取締役と執行役の職務執行を監督し，会計監査人の選任・解任に対する決定権も有するようになったのである。その際は，取締役の任期は2年から1年に短縮され，また，三つの委員会の半数を社外取締役が占めることになっている[8]。今後，日本企業は，いかなるボード・システムをとりながら，コーポレート・ガバナンス改革を続けるのか注意深くみていかなければならない。

4　非正規雇用労働者とワーク・ライフ・バランス

(1) 非正規雇用労働者の拡大

　非正規雇用労働者とは正規に雇用されていない労働者の総称であり，その雇用形態は，パート，アルバイト，契約社員，派遣社員，業務請負社員など様々である。派遣と請負の違いは，労働者の受け入れ先が直接指揮命令をするかしないかの違いと言える。派遣では労働者の受け入れ先が直接指揮命令をするのに対して，請負は請負業者が雇用から労働条件，現場の指揮命令に至るすべての責任を負い，受け入れ先は直接指揮命令を行なうことはできない。

日本の非正規雇用労働者は，1987年に711万人，1997年に1,152万人，そして，2007年に1,732万人と急激に拡大し，2003年以降，雇用者全体の3割を超えている。特に増大しているのは派遣労働者であり，2002年に43万人であったのが，2007年には133万人と3倍になっている[9]。そして，男女ともに非正規雇用労働者は拡大しているが，特に，女性の非正規雇用労働者の拡大が顕著である[10]。

　1990年代後半からの日本の非正規雇用の拡大の理由は，①バブル経済崩壊後の平成不況によって企業の人員削減リストラが進み，増大した失業者が非正規雇用労働者になったという点，②1999年の労働者派遣法の改正などによって労働の規制緩和が進んだ点，③日本企業において「終身雇用」・「長期雇用」層が減少し，非正規雇用者の比率が急速に拡大した点などを挙げることができる。

　②の労働者派遣法の改正では，1986年に施行された労働者派遣法の時点で，正規雇用者が非正規雇用者に置き換えられないように，派遣労働者が受け入れの制限と派遣対象業務を限定していたものを，派遣対象業務を原則自由にした点が大きい。この規制撤廃によって，労働者派遣の需要が拡大し，派遣労働者がその数を大きく伸ばすことになったのである（中野, 2006, pp.3-4）。

　③の背景には，日本企業全体の雇用管理政策の変更がある。日本の経営者団体である日経連は，1995年に，答申『新時代の「日本的経営」』を発表し，これまでの日本企業の長期雇用の範囲を大きく縮小し，多くの従業員を「雇用柔軟型」と呼ぶ非正規雇用にすることを提言している。この提言後，特に，非正規雇用が拡大していくこととなった。

　このような点を背景として，非正規雇用の拡大のなか，問題視されているのが，「ワーキングプアの問題」である。ワーキングプアとは，その世帯の一人あるいは複数がフルタイムで働いているにもかかわらず，最低限度の生活水準が維持できない世帯を指す言葉であ

る。非正規雇用の拡大によって，世帯主が正規雇用から非正規雇用に転換することで，日本においてもワーキングプアが急速に拡大している。実際，年収200万円以下の層をワーキングプアと定義すると，その8割は，パート，アルバイト，派遣労働者，業務請負社員などの非正規雇用の労働者である（後藤, 2005, pp.46-63）。

(2) ワーク・ライフ・バランスの施策と企業評価

　ワーク・ライフ・バランスとは，ワーク（労働生活）とライフ（家庭生活・個人生活）の双方をうまく調整し，バランスのとれた生活をおくれるようにすることである。ワーク・ライフ・バランスを学ぶうえで，知っておきたい施策として，「ファミリーフレンドリー施策」と「男女均等推進施策」がある。

　ファミリーフレンドリー施策は，「会社が従業員に対して育児や介護がしやすいように支援する施策」を意味している。ワーク・ライフ・バランスにおいても，育児・介護と仕事の両立が大きな課題となっている。「男女均等推進施策」は，「男性・女性という性別に関係なく能力を発揮する均等な機会が与えられると同時に，処遇や人事評価において差別がないようにする施策」である。企業によっては，男女均等推進室を設置し，男女の均等化を進めている。特に，1985年の男女雇用機会均等法の施行以降，この男女均等の問題は大きな広がりを見せるようになっている（小室, 2008）。

　ワーク・ライフ・バランスを高めるには，この「ファミリーフレンドリー施策」と「男女均等推進施策」の両方が不可欠である。このように書くと，ワーク・ライフ・バランスは女性が中心の問題のように考えられるがそうではない。それは，ワーク（労働生活）とライフ（家庭生活・個人生活）の双方をうまく調整しバランスのとれた生活を送ることは，男性にとっても重要な問題だからである。また，ファミリーフレンドリー施策が解決しようとしている育児や

介護の問題は，女性の問題だけでなく等しく男性の問題でもある。

　ワーク・ライフ・バランスが注目される背景には，少子化の問題がある。日本の出生数は，1974 年の第 2 次ベビーブーム以降，減少に転じている。なんと日本の合計特殊出生率は 2004 年に 1.29 という過去最低となっている。この日本の出生率は，世界的にも有数の少子化率である。このような少子化によって，経済の中心的な担い手である生産年齢人口（15 歳から 64 歳の人口）が総人口より急速に減少すると予想されている。国立社会保障・人口問題研究所の推計の予想では，2005 年から 2030 年にかけて，総人口が 12.5% 減少するのに対して，生産年齢人口は，22.3% 減少すると予想している。それゆえ，子供の出生数が増え，女性が積極的に社会進出ができるように，ワーク・ライフ・バランスに注目が集まっているのである。また，減少していく労働力の中で，より優秀な人材を確保するためにも，ワーク・ライフ・バランスの推進が企業には必要となっている。

　具体的なワーク・ライフ・バランスの施策としては，育児休業，産前産後休業，介護休業，子供の看護休暇，育児休業前後の面談制度，フレックスタイム制度，テレワーク（在宅勤務制度），ドミノ人事制度，メンター制度，企業内託児所施設，事業所内託児施設，再雇用制度などがある。

　ワーク・ライフ・バランスも含む企業評価の視点として「労働のCSR（企業の社会的責任）」がある。「労働のCSR」では，企業が従業員の労働に対して社会的責任を持ち，ワーク・ライフ・バランスなどを積極的に推進していく責務を担っていると考えられている。2008 年度前期に立命館大学経営学部の守屋ゼミナール（専門演習 Iおよび III）では「労働のCSR」による企業評価活動を，金融，不動産，製造など各産業別に実施し，大きな成果を得ることができたので，学生諸君にお勧めしたい。守屋ゼミのメンバーが立てた「労働

のCSR」の指標としては，①安定雇用（長期型か），②給与体系（年功型か），③勤務体系（固定勤務か），④健康関連制度（充実しているか），⑤人材育成・キャリア形成制度（充実しているか），⑥ワーク・ライフ・バランスの活用度合（男性がワーク・ライフ・バランス施策を活用しているか），⑦ワーク・ライフ・バランスの活用度合（女性がワーク・ライフ・バランス施策を活用しているか），⑧女性活躍支援（充実・実施度）の八つの項目から，各産業の主要企業の分析を行なっている。これによって，各企業の「労働のCSR」評価を行なうことができ，就職における企業選択の大きな基準とすることができる。

5 非営利組織におけるマネジメント

(1) 現代社会と非営利組織の発展

21世紀に入り，爆破テロや大地震など，生命の危険を脅かす事件が国内外で頻発している。そればかりでなく，地球温暖化や人口増減問題など，世界規模で今後ますます議論されるべきであろう問題が噴出している。このような世の中において，社会的起業家（Entrepreneur）やコミュニティ・ビジネス（Community Business）といった社会的なニーズに応えるための活動を自発的に起こす概念が，産官学で頻繁に取り上げられ，大きな期待を集めている。こうした動向は，各国におけるNPO（Non-Profit Organization）とNGO（Non-Governmental Organization）に代表される非営利組織の発展と浸透によるところが大きい。

日本において，非営利組織は，1995年の阪神・淡路大震災を契機として，ボランティア活動や寄付などの市民活動が活発化したことにより拡大した。非営利組織は，図5.4に表わしたように，特定非営利活動法人であるNPOまたはNGOだけではなく，社団法人

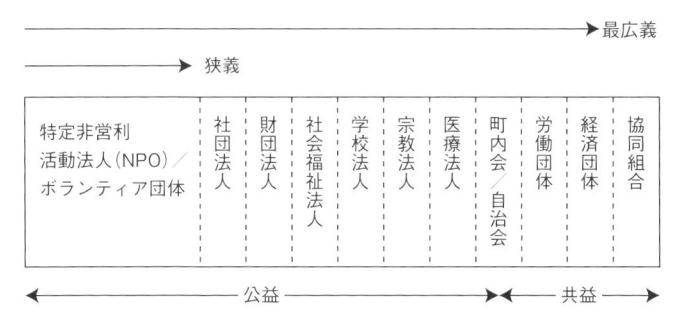

図 5.4　日本における非営利組織の種類（内閣府国民生活局，2000，p.130）

や財団法人，社会福祉法人，学校法人，宗教法人，医療法人，町内会・自治会，労働団体，経済団体，協同組合という非常に広範囲な組織を意味しているのである[11]。これらは，すべて，組織の設立者により，人道支援や健康増進など，何らかのミッションが掲げられているところに大きな特徴がある。

　一方，今日の非営利組織は，ボランティアや寄付だけでは存続が困難である。例えば，学校法人での資産運用の失敗や経営破綻，協同組合での食肉偽装問題などが，営利組織と同様に社会からの信頼を裏切ることになったのは記憶に新しいだろう。そこで，今日，あらゆる非営利組織においても，マネジメントが必要とされているのである。

(2) 病院経営のマネジメント

　日本の非営利組織の中で，医療法人は，日本の病院のうち約 6 割を占める。そのうえ，国民の健康と生命の維持が委ねられている重要な組織である[12]。しかしながら，それは，非営利組織として剰余金の配当が禁止されていながら，営利組織に近い法人税率が課されていたために，非常に不明瞭な組織であった。

　医療法人の代表的な病院経営機構を示すならば，まず，社員総会

が年に1回以上開催される。社員の5分の1以上が請求した場合は，臨時総会が招集される。病院における社員は，通常，医療法人を開設する目的で集まった複数人を指す。また，理事会は，3人以上の理事と病院長（さらに副病院長もあることが多い）によって構成される。理事の中の1人は，理事長に就くことになっている。さらに，こうした理事会を監査するために，監事を置く必要がある。監事は，医療法人の財産と業務執行の監査などを監督する。監事に就く者は，1人以上が必要とされ，理事または医療法人の職員を兼務してはならない。そのほか，実際の医療現場について，日本の病院は，大学病院の経営機構が反映されることが多く，診療科，事務科と看護科を設置する場合が多いと言える。

　病院は，企業と異なり，医師をはじめとした専門性を持つ従事者が多いため，トップ・マネジメントよりも，医療現場における改革が重要視される。しかし，大半の病院に株式会社にならった経営が見られるようになり，新たに2002年から，医師または歯科医師でなくても理事長となることができるように医療法の改正があったことを考慮すると，企業のように，病院経営におけるトップ・マネジメントの改革の必要性が明らかになる。そのうえ，今日では，財団法人の公益性を強調し税制を規制する公益法人改革，および規制改革に伴う株式会社論によって，非営利性と公益性を兼ね備えた医療法人（社会医療法人）の設立が目指される動向が生まれている[13]。

(3) 病院経営のガバナンス

　このような経営機構を持つ病院は，六つの問題を抱えている。第1の問題点は，社員総会が十分かつ適切に機能していないことである（尾形・高木・左座，2004, p.33）。企業の株主総会に相当する社員総会が機能していないことは，理事会の構成員を決定するといった意思決定機関としての役割が，十分に機能していないと考えられる。

5　非営利組織におけるマネジメント　　**123**

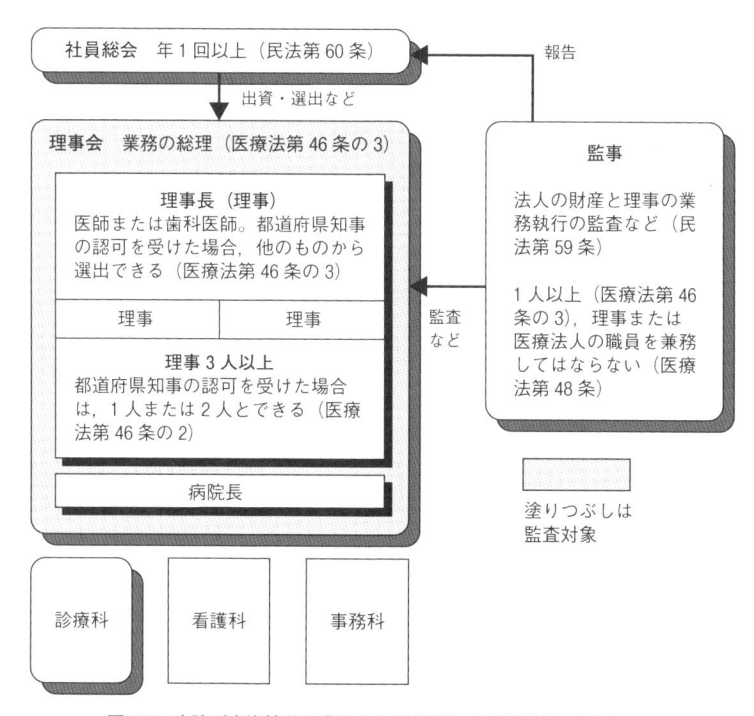

```
┌─────────────────────────────────┐
│  社員総会　年1回以上（民法第60条）  │←──報告──┐
└─────────────────────────────────┘        │
         │出資・選出など                      │
         ↓                                  │
┌──────────────────────────────┐    ┌──────────────────┐
│ 理事会　業務の総理（医療法第46条の3）│    │      監事         │
│  ┌────────────────────────┐  │    │ 法人の財産と理事の業 │
│  │      理事長（理事）       │  │    │ 務執行の監査など（民 │
│  │ 医師または歯科医師。都道府県知事│  │    │ 法第59条）         │
│  │ の認可を受けた場合，他のものから│  │←──│                  │
│  │ 選出できる（医療法第46条の3） │  │監査 │ 1人以上（医療法第46 │
│  ├───────────┬────────────┤  │など │ 条の3），理事または  │
│  │    理事    │    理事    │  │    │ 医療法人の職員を兼務 │
│  ├───────────┴────────────┤  │    │ してはならない（医療 │
│  │     理事3人以上            │  │    │ 法第48条）         │
│  │ 都道府県知事の認可を受けた場合│  │    └──────────────────┘
│  │ は，1人または2人とできる（医療│  │
│  │ 法第46条の2）               │  │    ┌────┐
│  ├────────────────────────┤  │    │    │塗りつぶしは
│  │        病院長             │  │    └────┘監査対象
│  └────────────────────────┘  │
└──────────────────────────────┘
   ┌──────┐ ┌──────┐ ┌──────┐
   │ 診療科 │ │ 看護科 │ │ 事務科 │
   └──────┘ └──────┘ └──────┘
```

図5.5　病院（出資持分の定めのある社団）の経営機構（筆者作成）

また，株式会社の株主のように，出資をしなくても，社員となれることである。企業では，「モノ言う株主」と表現されるように，株主が企業に対する発言力を高めているが，これと対照的に，病院では，不特定の社員の発言力が高まることが考えられる。

　第2の問題点は，理事に関することである。病院では，医療法において理事の人数が3人以上と規定されており，病院では，実際に，それ以上を配置していることが多い。前述したように，企業では，取締役会の人数を削減することにより，意思決定が迅速になったことなどを考慮すると，病院でも病院の規模に応じて，現状の人数を見直す必要があると言えよう。また，理事会の運営に関しても，そ

の開催数にばらつきがあると指摘されている。さらに，理事長に関して，企業経営の影響を受けて，医師および歯科医師以外でも理事長になることができることになったが（医療法第46条の3），実際には進んでいない[14]。

　第3の問題点は，診療科の権限が，他の科より強いことである。そのため，大学病院の場合は，医局が存在するため，診療科の中にも権限のばらつきがあるうえに，同じ科の中でも，医局においても，ばらつきがあるという，二重に公平性を欠くシステムになっている。

　第4の問題点は，病院の「経営と医療の分離」（石原, 1980, p.317）である。そこでは，臨床現場において医療従事者が日々の業務から感じる声が理事会での意思決定に反映されないことが多いと言える。それゆえ，トップ・マネジメントにおける意思決定などへの軽視が懸念される。

　第5の問題点は，第4との関連で，企業における執行役に相当する病院長に関して，その権限が，あいまいであることである。そのゆえ，病院長が医療現場の意思を理事会にすくい上げることが難しくなることなどが考えられる。このことは，「経営と医療の分離」を際立たせている。

　第6の問題点は，監事の行なう監査があいまいであるということである。例えば，親族が監事に就くことが目立ち，また，勤務形態が非常勤であることが散見される（尾形・高木・左座, 2004, p.33）。そして，企業のように，独立監査人とともに，内部監査体制が構築される様子も見受けられない。そのほか，今日では，1997年に設立された日本医療機能評価機構などによって，外部監査があるようになったが，自主的に受ける病院が少なく，事後的な監査であるという欠点がある[15]。

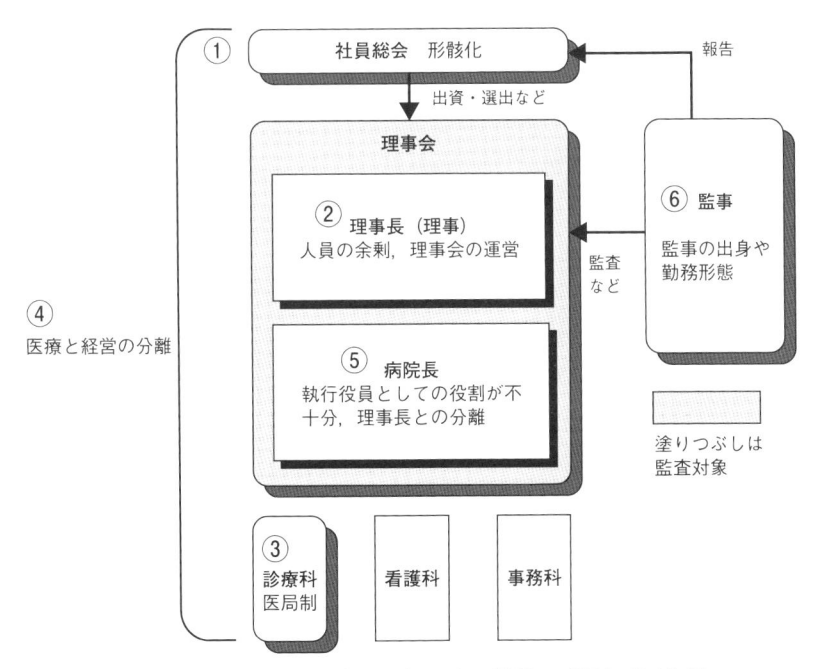

図5.6 病院経営機構（出資持分の定めのある社団）の問題点 (筆者作成)

(4) 非営利組織の展望

　以上のように，今日の医療法人は，透明性や職務分担の欠如など，組織に関わる数々の問題が山積している。そして，こうした問題は，医療従事者の勤務形態の悪化や，悪質な医療事故の頻発などの社会的な問題を引き起こすに至っている。

　今後，すべての非営利組織は，ミッションを追求し現代社会に貢献するため，各々のマネジメント論を確立することが必要とされよう。その際，諸外国における非営利組織のマネジメントおよびガバナンスの動向を参考にしながら，日本における非営利組織経営の特徴を浮き彫りにすることが一助となるだろう。

■注
1) GEC（財団法人地球環境センター）(2008) 平成20年度 CDM/JI事業調査に係る実現可能性調査案件の採択について
http://gec.jp/gec/gec.nsf/jp/Activities-CDMJI_FS_Programme-saitaku08（8/29/08 referred）
2) The ISO Survey of Certifications 2006
http://www.iso.org/iso/survey2006.pdf（8/31/08 referred）
3) 速水林業（2006）「FSC森林認証」
http://www.re-forest.com/hayami/fsc/index.html（8/31/08 referred）
4) IBM（2007）「地球にやさしいITを Project Big Green」2007年9月25日
http://www-06.ibm.com/jp/government/topics/PBG/index2.html
（8/31/08 referred）
5) IDG Japan（2008）グリーンITの戦略的価値"環境マネジメント"の視点でITを最適化する「Project Big Green」Computerworld 2008年1月18日
http://www.computerworld.jp/topics/power/94949.html（8/31/08 referred）
6) White, Gayle (2007) "In Vegas, wasting water is a sin" 11/25/2007 The Atlanta Journal-Constitution
http://www.ajc.com/green/content/metro/stories/2007/11/24/vegas_1125.html
（9/1/08 referred）
7) 一元一層制を採用している国は，イギリスとアメリカのほかに，アイルランドやルクセンブルク，イタリア，スペイン，ポルトガル，ギリシャなどがある。一元二層制を採用している国は，ドイツのほかにスイスやオーストリア，オランダ，スカンジナビア諸国などがある。両制度を採用している国として，フランスやベルギーなどがある。これの詳細については，平田（2003, pp.159-160）と平田（2008, p.48）を参照のこと。
8) そのほか，従来型の監査役設置会社にあった監査役を廃止したことである。これにより，業務執行に対する監視機能は，監査委員会および社外取締役に集中されることになった。そして，従来型において使用人にすぎなかった執行役員を，委員会等設置会社においては，商法特例法によって，会社の機関として執行役と明記している。ここでは，新たに代表執行役も設置された。
9) 『厚生労働白書』平成18年版, p.52.
10) 総務省『労働力調査』平成2年版から平成19年版，参照。

11) 『国民生活白書』平成 12 年度版, p.130.
12) 日本には, 2008 年度には, 合計約 9,000 もの病院がある。そのうち, 医療法人は, 約 5,000 病院が存在している。
13) これに伴って, 出資持分がある医療法人は, 最終的に, 出資持分がない医療法人に移行するばかりか, 社会医療法人へ移行しているのである。社会医療法人では, 経営者の機能が強化される。
14) 尾形裕也・高木安雄・左座武彦 (2004, pp.35-39)。ここでの調査は, 病院の半数が 4 名から 6 名の理事を置き, また, 4 割の病院が 7 名以上の理事を置いていると明らかにしている。
15) 尾形裕也・高木安雄・左座武彦 (2004, pp.27-28)。なお, 医療監視については, 年 1 回以上, 各都道府県や保健所によって, 効果的に行なわれていると考えている。

6 現代企業のグローバル戦略

1 海外での企業活動

　企業が国境を超えて財（モノ）を生産し，国境を越えた市場へ財を販売したり，国境を越えた市場へサービスを提供することは，第二次世界大戦以前にもみられたが，特に1980年代に入ってから企業の国際化が進み，1990年代には多くの企業がグローバル市場を視野に入れた経営戦略を取り入れるようになった。国境を越えた企業活動をしている企業のことを多国籍企業と呼び，近年よく耳にするグローバル化を積極的に進めているのがこの多国籍企業である。この章では，多国籍企業に焦点を当て，①企業の国際化とは何か，②なぜ企業は国際化を進めて海外進出や海外生産をするのか，③海外の子会社（現地法人）はどのような戦略を展開しているのか，④多国籍企業が進出するホスト国に与える影響は何か，という点について解説する。

　企業は企業の成長を求める場合や，ある製品の市場が飽和状態になりそうな場合などに，次なる戦略を選択する際に大きく分けて二つの戦略の中から選択する。それは他の製品へと多角化を進めるか，同じ製品をグローバルに展開させるか，という戦略の二つである。

　国際化とは，各国が，何らかの形で依存し合ったり，統合したりする経済へとシフトすることであり，異なる市場（国）が，グロー

バル化された市場へと統合し，依存し合うことである（Hill, 2007）。企業の国際化は，市場の国際化，生産の国際化，そして国際機関の出現を関連させて考える必要がある。市場の国際化とは，異なる市場（国）が，グローバル化された市場へと統合し，依存し合うことである。この背景には，各国の消費者の趣味や嗜好が似通っていること，企業が，標準化（世界スタンダード）されたモノを製造・販売したり，サービスを提供するという指向性がある。消費者の趣味・嗜好・需要の類似の例は，中国で売っている「午後の紅茶®（サントリー社製）」，シンガポールの「男性ヘアケア商品（マンダム社製）」等があり，企業による標準化された製品を提供するという例では，ボディショップの製品（イギリス），ヴィエラ®（パナソニック製）などが挙げられる。このように企業は国際化を進めているが，各国の市場はまったく同じではない。もし各国の市場や顧客の趣味や需要がまったく同じであれば，まったく同じ製品を売り，サービスを提供したらよいということは明らかであろう。しかし，各国市場には，あらゆる「相違点」が存在し，その各市場に存在する「相違点」が，企業の経営における国ごとに異なるグローバル戦略へと導くことになる。企業は各国ごとに異なるマーケティング戦略を採用したり，国ごとに異なる製品の質や特徴を反映させている。このように，企業はターゲット市場に合わせた様々な戦略を採用しているということがわかる。

　企業が生産活動をする時に，ホスト国が異なると，生産要素（factors of production；労働，土地，資本）の質とコストの違いが存在する。例えば，日本より低い人件費でありながら教育レベルの高いシンガポール，人件費が他の国と等しい場合にベトナム人やタイ人の手先の起用さのように，ホスト国の持つ技術レベルとスキルレベルに対する人件費の違いが，国による生産要素の中の労働要素の違いとなる。企業が生産の国際化を進める場合，企業は生産要素

の質とコストの「違い」を活用して，製品を生産している．例えば，米アップル社のiPod® は，アメリカとヨーロッパでデザインされ，半導体は日本と韓国で調達され，最終的な組立ては中国で行なわれている．近年のグローバル化の傾向として，市場の国際化と生産の国際化が進んでいるが，これらに影響を与える要因として，貿易・投資障壁，関税の引き下げが導く貿易の自由化，そして海外直接投資の自由化が挙げられる．結果的に企業の海外生産や海外市場での販売が可能となっている．同時に，1980年代等には考えられなかった技術革新も，企業の活動に強い影響を与えている．特にテレビやインターネットなどの通信技術の急速な発展により，情報が自由に素早く入手できるようになり，消費者の行動に影響を与えた．飛行機，電車，港湾技術等にみられる交通技術の発達などは，企業の国際化に直接的に影響を与えている．

このように様々な要因が背景となり，1980年代後半以降に世界経済のグローバル化が進むこととなった．貿易障壁および，投資障壁が低くなったために輸出入がしやすくなり，海外直接投資がしやすくなった．技術の発展により，企業間や企業内におけるコミュニケーションが容易となり，交通・通信技術の発達により，各国の「距離」が近くなり，輸送費の時間とコストが削減できた．

2 海外で活躍する日本企業

この節では海外で活躍している日本の企業に焦点を当て，日本の企業がどのように国際化を果たしているのか解説していく．海外に存在する日系企業の現地法人数は21,226社であり[1]，地域別では，アジア地域が最も多く12,610社である（北米地域の3,636社，ヨーロッパ地域の3,349社が続く）．これら三地域ほど企業数は多くないが，中南米地域（867社），オセアニア地域（537社），アフリカ地

域（115社），中近東地域（112社）と，世界各地域で日本企業は経営活動を展開している。

海外のホスト国（投資を受入れる国）に「海外直接投資（Foreign Direct Investment）」を行ない，ホスト国と本社のあるホーム国（投資する企業の本国）の2ヵ国以上で付加価値をつける活動をする企業を「多国籍企業」と呼ぶ。ホスト国でどのような分野において多国籍企業が活動しているのかを産業別にみてみると，21,226社中，製造業が9,175社（43.2%），卸売業6,600社，小売業189社，金融・保険533社，運輸業1,131社である。

日系企業で海外進出をしている企業の43.2%を占める製造業のうち，具体的にどのような企業が海外進出をしているのか，現地法人数をベースにしたランキングが表6.1にまとめられている。この表では各法人の規模は考慮されていないが，上位10位では電気・電子機器，自動車・部品の業種が多く，各企業の上位進出先は中国，アメリカに多くみられ，業種によってタイやイギリス，オランダ等にも進出している。

3　企業の国際化プロセス

表6.1で考察したように，多くの日本の企業が世界各国に法人を設立しているが，どの企業も最初からグローバルな市場を視野に入れていたわけではない。企業の最初の顧客，ビジネス活動のターゲットは国内市場であり，経営戦略の一つとして「グローバル化」を選んだ企業が国際化を進めている。グローバル戦略を選択した各企業は海外直接投資を行ない，現地法人を設立する。現地法人がホスト国で製造し提供する製品（サービス業の場合はサービス）はエアコンや洗濯機などの家電製品，自動車，食品等，様々であり，必ずしも海外市場や海外市場の顧客に簡単に受け入れられるものばかり

表 6.1 日本企業の現地法人ランキング（製造業）

	会社名	現地法人数	海外売上比率	上位進出国（現地法人数）1位～3位		
1	パナソニック電器産業	201	49.32	中国(54)	マレーシア(19)	アメリカ(18)
2	ホンダ（本田技研工業）	143	84.84	アメリカ(30)	タイ(14)	中国(13)
3	トヨタ自動車	98	74.33	中国(16)	アメリカ(14)	タイ(6)
4	ソニー	93	74.35	アメリカ(34)	中国(5)	オランダ(5)
5	デンソー	91	48.5	中国(18)	アメリカ(15)	タイ(5), インド(5)
6	三菱電機	89	31.13	中国(20)	アメリカ(10)	タイ(9)
6	東芝	89	49.42	中国(22)	アメリカ(10)	イギリス(6)
8	YKK*	83		中国(9)	アメリカ(6)	香港(中国)(5), シンガポール(5)
9	大日本インキ化学工業	82	59.35	中国(28)	マレーシア(8)	アメリカ(5), タイ(6)
10	三洋電機	79	54.96	中国(21)	アメリカ(9)	香港(中国)(5), シンガポール(6)

（資料）東洋経済新報社（2007）『週刊東洋経済 臨時増刊 海外進出企業総覧，国別編』p.1890（*印は未上場会社。海外売上比率は2007年3月期。）

ではない。ここでは企業がどのようなプロセスを経て国際化を進め，どのようにしてホスト国の消費者にモノやサービスを提供するに至るのかを説明する。

　企業の国際化のプロセスは，最初から海外直接投資をして現地法人を作るのではなく，輸出を通じて販売の国際化を進め，海外市場での販売を検証することから始められる（国際化の第一局面）。その後，現地企業にライセンスを与えて現地での生産を始め（第二局面），第三局面として，海外直接投資による製造拠点や販売拠点が設立されるといったケースが一般的であった。しかし，1990年代のグローバル化の進展により，現在では第一から第二へ，というプロセスを踏まずに第三局面から始める企業も多く存在する。

(1) 第一局面：販売の国際化と輸出事業

　企業の国際化の初期段階では、輸出を通じて販売の国際化、つまり「輸出」が始まる。輸出の中にも、企業が直接輸出する場合と、輸出の業務のすべて、または一部を商社などの外部に委託する間接輸出の場合がある。通信技術等が発達していない時代には、輸出の際の「販路」や「販売チャネル」などのノウハウを持つ商社などに委託することから、輸出する企業にとって、それらのノウハウの開発のコストがかからないことがメリットとなる。現在では、多くの企業が直接輸出を採用しているが、中小企業は商社に委託し間接輸出をしている。キッコーマン（株）の例では、国際化の第一局面は1949年から始まり、1956年までは Pacific Mutual Sales Inc. を通じて、マーケティングと販売を行う間接輸出であった。1957年からは直接輸出に移行している。企業が現地生産をする前に本国で生産したものを輸出することから国際化を進める理由は、現地生産のコストの方が現地生産に伴う便益[2]より高いからである。現地生産には投資額をはじめ、様々なリスクが伴う。輸出をして販売の国際化を進めることからよく売れる国（需要の高い国）、よく売れる商品（その市場での需要の高い製品）に関する知識を習得することができ、その結果、現地生産に伴う便益が現地生産のコストを上回った場合、企業は次の段階へと国際化プロセスを進める。

(2) 第二局面：生産の一部の国際化

　現地生産のコストが現地生産に伴う便益よりも高い場合（コスト＞便益）は、輸出を中心に国際化を進める企業が多いが、その差が縮まってくると判断した場合、生産の一部を国際化する「国際化の第二局面」へと移行する。生産の一部の国際化とは、これまで輸出していた国の企業と技術提携して、現地企業に生産を委託する場合や、自ら開発した特許技術を現地企業に利用させロイヤリティ（使

用料）を得る場合や，単純な技術供与や請負契約（コントラクティング），ライセンシングにより現地企業に生産させることを指す。キッコーマン（株）は1968年に，アメリカのLesley Salt Co.（レスリー社）と提携し，製造の部分的国際化を進めた。日本で醤油を製造し，コンテナでアメリカへ輸出，現地でレスリー社がライセンス製造（瓶詰め）をするという仕組みである。生産のすべてを現地で行なうよりも，投資金額等のリスク，技術模倣などのリスク，ブランドイメージの管理のリスクは低い。生産の一部を国際化することにより，価格を下げることが可能となり，海外での認知度が上がることにつながる。第二局面において，「現地生産のコスト＜現地生産に伴う便益」となった場合，便益の方が大きいので，現地生産を開始し国際化の第三局面へと移行する。

(3) 第三局面：生産のすべての国際化

　国際化の次の段階では，企業は生産のすべてを現地に移転し，それまで輸出していた製品や，ライセンスを与えて他社が生産していた製品を代替し，現地ですべて生産する。また，第三局面に入る企業は，必ず海外直接投資をすることになり，多国籍企業となる[3]。第三局面では，生産のすべてを行なう工場等を現地につくるため，現地法人を設立する。日本企業の場合，1980年代後半から現地生産を行なう企業が急増した。また，1990年代後半になると，それまでは本国で行なっていた現地生産に関連する研究開発（R&D）を，より生産拠点に近いところで行なうことを目的として，海外に設立する企業が増えた。子会社設立を選択することの便益は，ホスト国で，輸出時や第二局面に比べて低コストで生産することができる点である。また，第三局面の第一段階で生産した製品のターゲットは，進出した国の市場や，進出した国に拠点を持つ企業である。第二段階に進むと，ホスト国に加えて，ホーム国や第三者（本国とホスト

国以外の国）がターゲットとなり，ターゲット市場が広がることになる。多国籍企業の持つ生産拠点（やR＆D拠点）が，グローバル生産ネットワークの一部となる。キッコーマン（株）の製造拠点の国際化は，1972年にアメリカのウィスコンシン州から始まり，2008年にキッコーマンは海外4カ国・地域（アメリカ，シンガポール，中国，台湾（中国），オランダ）に6つの生産拠点を持ち，100カ国以上で醤油を販売している。研究開発（R＆D設備）拠点に関しては，1984年にアメリカにR＆D拠点を設立し（シカゴのKikkoman Marketing and Planning 社），アメリカ市場向け商品の市場調査および研究開発を行ない，アメリカの次に生産拠点をつくったシンガポールでは，2005年にシンガポール国立大学との産学共同による研究所を設立し，インドを含むアジア諸国に向けた醤油の商品開発につながる研究をしている。2007年には，オランダのFood Valleyと呼ばれるワーヘニンゲン市のワーヘニンゲン大学の施設内に研究開発拠点（Kikkoman Europe R＆D Laboratory B. V.）を設立し，ヨーロッパ市場の需要に，より即した商品を開発することを目的としている。

4　多国籍企業と海外直接投資

　海外直接投資とは前節での第三局面でみられたようなホスト国に現地子会社（現地法人）を設立することを指す。ホスト国では，資源調達拠点，製造拠点，R＆D拠点として，現地子会社が設立される。海外直接投資の結果，ホーム国以外に現地子会社を持つ企業を「多国籍企業」と呼び，多国籍企業とは親会社と在外子会社からなる企業である。多国籍企業は「在外企業と永続的な経済関係を樹立する目的で行なわれる投資で，その企業の経営に実質的影響を持つもの（投資）である[4]」と定義される。多国籍企業の子会社とは，

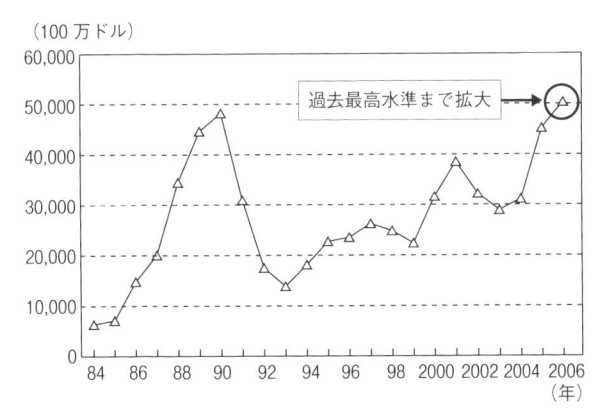

図6.1 日本の対外直接投資の推移（国際収支ベース）
出所：ジェトロ貿易投資白書2007年, p.28

「その資本持分の10％以上が親会社に保有されている[5]」状態を指す。その他，多国籍企業の定義は様々存在するが，ここでは，「2ヵ国以上で付加価値を生み出す経済活動をしている企業」と定義する。つまり，在外子会社を少なくとも1社持っていることを意味する。

図6.1は，日本企業が海外のホスト国に投資した海外直接投資額を表わしている。1985年のプラザ合意以降に急激に海外直接投資を進めていたが，1990年台は横ばいであった。日本企業の海外直接投資は2006年に過去最高水準に到達し，2007年も記録を更新した。このように，多くの日本企業が海外直接投資を通じて積極的なグローバル展開をしていることがわかる。

(1) 海外直接投資のフォーム

多国籍企業は海外直接投資によって在外子会社を設立するが，海外直接投資にはいくつかの方法があり，企業の意思決定により，海外直接投資の方法を以下の方法（表6.2）から選ぶ。

企業が完全所有をする海外直接投資には，グリーンフィールド

表 6.2　海外直接投資の際の参入方法

	完全所有	部分的な所有
新規参入	グリーンフィールド（新規設立）	ジョイント・ベンチャー（合弁）
既存ビジネスへの参入	M＆A（買収・合併）	資本参加

（新規設立）とM＆A（買収・合併）があり，部分的資本所有の子会社としては，ジョイント・ベンチャー（合弁会社）と資本参加のみの場合がある。例えば，パナソニック社は，表6.2で確認したように201社の現地法人を所有しているが，その中には，新規参入した子会社もあれば，既存ビジネスに参入した子会社もあり，M＆Aにより設立した子会社もあれば，グリーンフィールドで設立した子会社もある。ここではそれぞれの特徴をまとめる。

　グリーンフィールドは新規設立と呼ばれ，設立に関してかかる投資額の100％を親会社が新規設立として投資する。この場合，土地探し，工場の建設，機械の設置等，すべて一からのスタートとなる。

　M＆AとはMerger（吸収）and Acquisition（合併）の略であり，企業の買収・合併を意味する。買収とは，他の企業を丸ごと買い取ることであり，合併とは複数の企業が法的に一つの企業に合同することを指す。

　2004年に英国ボーダフォン社はJ-PhoneをM＆Aしたが，2006年にはソフトバンクモバイル（株）がボーダフォン（株）を約1兆9,200億円で買収した。日本企業のM＆A戦略についてみてみる。日本でM＆Aが企業戦略として普及するのは1999年以降であり，1985年〜1998年には毎年200〜700件であった。1999年には，1,000件以上のM＆Aが行なわれ，2004年には2,000件以上であった。表6.3は，近年の日本企業による国境を超えたグローバルM＆Aの事例である。

　ここで，具体的にサントリー社がニュージーランドの企業を買

表 6.3 日本企業によるグローバル M & A の例

時期	被買収企業		金額 (100万ドル)	買収後の資 本比率 (%)	産業
2007 年 4 月	日本たばこ産業	英国・ギャラハー	18,800	100	たばこ
2008 年 5 月	武田薬品工業 (医薬品)	米国ミレニアム・ファー マシューティカルズ	8,128	100	医薬品
2008 年 1 月	エーザイ	米国 MGI ファーマ	3,655	100	(医薬品)
2007 年 12 月	キリンホールディ ングス	豪・ナショナルフーズ (乳製品)	2,595	100	(飲料・ ビール)
2008 年 2 月	オリンパス (精密機器)	英国ジャイラス (医療機器)	2,161	100	(精密 機器)
2008 年 5 月	武田薬品工業 (医薬品)	米国 TAP ファーマシュー ティカル・プロダクツ (医薬品)	1,50	100	(医薬品)

出所:ジェトロ貿易投資白書 2008 年,p.28,p.31 より抜粋

収した事例を説明する。サントリー社は 2008 年 11 月にニュージーランドの飲料大手フルコア(本社オークランド)を買収すると発表した。このときの買収額は約 750 億円である。フルコアの親会社は,フランスの食品大手のダノン社である(つまり,ダノン社の子会社であった)。2007 年度の売上高は 303 億円で,60%弱をニュージーランド国内で売り上げ,残りはオーストラリアでの売り上げである。サントリーが欲しい「営業資源」はフルコアの持つ販売網であり,豪州市場のより一層の開拓が可能である。サントリー社の目的は,フルコアの主力である栄養飲料などをサントリーの営業網を活用して,日本を含むアジア全域に販売することである。フルコアのオセアニアでの販売網を活用して,サントリーの清涼飲料を販売することも視野に入れている。また,フルコアの栄養飲料「V(ブイ)」などを,アジア全域で販売することを検討している(日経産業新聞,2008)。ここでグローバル M & A を行う際に重要な為替レー

トに触れる。2008年9月までNZドルは1ドル約78円であったが,急速な円高傾向が続き,2008年10月には1NZドルが57円となった。「円高のおかげで買収額を100億円は得をした。買収額が高くて手を出しにくい案件も多かった。その点で円高の今はチャンスではある」(日経産業新聞, 2008)。グローバルM＆Aに与える為替レートの影響が非常に大きいことが理解できる事例である。

　ジョイント・ベンチャーとは, 合弁会社であり, 2社以上の企業が共同で出資して設立する会社を意味する。パートナーと対等な立場であれば50：50 (50%ずつ) の出資であり, 対等でない場合は比率が異なる (49：51や, 30：70など)。一つのプロジェクト (生産拠点設立) を共同で推進したり, 情報や生産資源を共有することを目的とし, 提携パートナーは当事者どうしにない経営資源を活用することを大きな目的としている。2008年にキリンビバレッジとエースコックが, ベトナムにジョイント・ベンチャーを設立すると発表した。キリン・エースコック・ベトナムの場合, キリンビバレッジが51%を出資し, エースコックが49%を出資している。近年多くみられている製薬企業の合弁の事例では, アイスランドのアクタヴィス・グループと日本のあすか製薬の合弁企業などが挙げられる。この合弁企業は日本の市場がターゲットであり, 日本に進出した事例である。アクタヴィス・グループが45%出資し, あすか製薬は55%出資した。アクタヴィスは後発医薬品事業で世界6位の企業であり, 約40カ国で事業を展開し, 海外売上は67% (42%＝東欧・中欧, 25%＝北米) であり, 2007年12月期の売上高は約2,000億円, 営業利益は約300億円であった。あすか製薬は帝国臓器製薬とグレラン製薬が合併した企業で, 後発薬事業の売上は2008年3月期で約30%弱 (80億円) である。当事者どうしにない経営資源とは, アクタヴィスにとって, あすか製薬の日本国内販売網と武田薬品工業との取引ルートがそれにあたり, あすか製薬にとっては, アクタヴ

ィスが海外で大量生産した原薬を低コストで調達できることや，アクタヴィスの持つ海外販売網である．

1989年11月に日本法人が設立されたトイザらス（米国404店舗，海外74店舗：1989年当時）は，日本マクドナルドと米国トイザらスのジョイント・ベンチャーである．1989年にトイザらスが80％出資し，日本マクドナルドは20％を出資した．日本マクドナルド側は，顧客層が同じことや，単独ではできなかった大規模立地開発ができることを目的としていた．

5 多国籍企業のホスト国での戦略

このように，多国籍企業は様々な方法で海外直接投資をしている．実際に現地子会社を設立し，海外に生産拠点等ができてから現地子会社の取る戦略の一例を，バートレットとゴシャール（Bartlett & Ghoshal, 2002）の分類を用いて解説する．

バートレットとゴシャールの分類のポイントは，多国籍企業が海外直接投資をした後にグローバル統合をするのか，それともローカル適応をするのかである．図6.2に示されているように，グローバル統合が低くローカル適応の高い多国籍企業をマルチナショナル企業と呼び，グローバル統合が高くローカル適応の低い多国籍企業をグローバル企業と呼ぶ．

マルチナショナル企業とは，「郷に入れば郷に従え」的発想を持ち，ホスト国に合わせた製品，戦略を採用する．そのため，各海外子会社が自律・分散した役割を持っている．このような戦略をマルチドメスティックビジネス戦略と呼ぶ．マルチドメスティックビジネス戦略の例は，在日本のアフラック（アメリカ企業）の保険や，在タイの生茶（日本企業）のように嗜好品，日用品，食品が当てはまる．ホスト国に合わせた製品やサービスを提供することにより，多国籍

```
           ↑
           高
           ↑
         グ  ┌──────────────┬──────────────┐
         ロ  │              │              │
         ー  │ グローバル企業 │ トランスナショナル│
         バ  │              │     企業      │
         ル  │              │              │
         統  ├──────────────┼──────────────┤
         合  │              │              │
           │ インターナショナル│ マルチナショナル │
           ↓ │     企業      │     企業      │
           低 └──────────────┴──────────────┘
              低  ←  ローカル適応  →  高      R
```

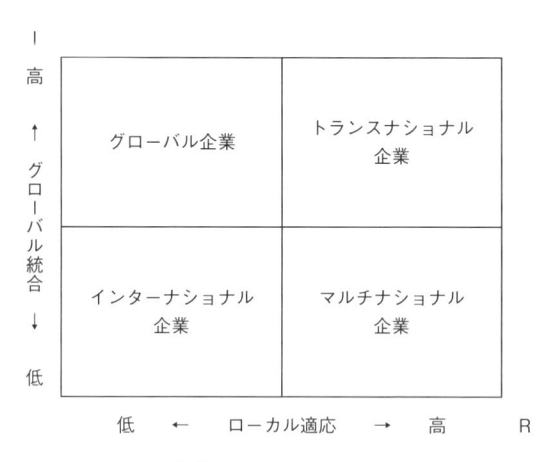

図 6.2 多国籍企業の分類：I-R フレームワーク
出所：Bartlett and Ghoshal (2000) をもとに作成

企業でありながら，現地適応性を高め，マーケットシェアをあげることを目的としている。

グローバル企業は，標準化された製品，デザイン，グローバル規模の製造，世界的活動を親会社で集中的にコントロールしている。海外子会社は親会社と同じ戦略を実行し，多国籍企業が持つネットワークを利用し，競争優位を追求する戦略を取っている。このような戦略をグローバルビジネス戦略と呼ぶ。グローバルビジネス戦略の例として，全世界でiPod®（アメリカ企業），全世界でヴィエラ®（パナソニック），全世界でWii®（任天堂）のような，家電製品やデジタル製品があげられる。海外子会社は親会社と同じ戦略を実行することにより，標準化された製品やサービスを提供し，規模の経済性によるコスト削減を追求している。

6 グローバル戦略の展開

多国籍企業が行なうFDI（海外直接投資）は単なる資本の流れ

の現象ではなく，パッケージ化された経営資源の移転を含んでいる（Hymer, 1960）。多国籍企業は企業内部に蓄積された経営資源を海外市場でも有効に活用し，それを通じて，コスト削減，利潤最大化を海外市場で追求するために海外直接投資を行なっている。多国籍企業の内部に蓄積された経営資源とは，企業固有の生産技術，経営ノウハウ，製品販売力，資金調達力，市場に関する情報収集能力などを指し，それらが多国籍企業のグローバル戦略を通じてパッケージとしてホスト国に移転される。それにより，ホスト国はあらゆる正と負の影響を受け，ホスト国側としては海外直接投資を通じて経営資源の移転ならびにスピルオーバー（波及）効果が予想され，それらがホスト国に貢献することが期待されるため，多くの途上国は多国籍企業の海外直接投資の受け入れをしている。

　多国籍企業の海外進出は，多国籍企業グループの利潤獲得を目的としているため，必ずしもホスト国に対して正の貢献をせず，負の貢献となるパフォーマンスをする場合もある。また，多国籍企業グループは，グループの持つ優位性の一つであるグローバル生産ネットワークを最大限に効率的に活用するため，生産拠点で生産される品目，それに伴う輸出品目，輸出市場が限られてしまう場合や，生産拠点そのものが水平的，垂直的，工程的分業がされ，特定製品や部品の製造に限定されることがある。このような生産活動は，ホーム国の多国籍企業グループ本社にコントロールされ，ホスト国の現地子会社の持つ自主性が低くなる。ゆえに，ホスト国の現地子会社の自主性が高まり，自主的な技術開発，製品開発，技術発展等が望めるようなグローバル戦略を企業が採用した場合，ホスト国への経営資源移転や波及効果が増え，ホスト国への正の役割を果たす可能性が高い。

　海外法人数の多い松下電器では，ホスト国の生活習慣や需要に合わせた製品を製造して販売するケースも多いが，「ビエラ」ブランド

のプラズマテレビを全世界一斉販売を行なうマーケティング戦略を採用したり，「ななめドラム」洗濯機を同じデザインで東南アジア諸国で発売している。トヨタ自動車がビッツを Yaris（ヤリス）と名前を変えながらも，ほぼ同じモデルでヨーロッパ市場で受け入れられているケースもみられる。日本と同じ製品がホスト国にて受け入れられる場合もあるが，扱う製品によっては難しい場合も多い。企業は，対象となるホスト国の市場の特徴を把握し，単独の海外直接投資ではなくて合弁会社を設立したり，販売拠点からスタートしたり，製品の中身を変えたりといった様々な方法で海外展開をしている。全世界の 21,226 社の日系企業は，海外直接投資をすることにより多国籍企業となったが，それぞれ子会社は様々なグローバル戦略を展開している。

■注
1) 東洋経済新報社（2007）『週刊東洋経済　臨時増刊　海外進出企業総覧，国別編』は日本企業による出資比率（現地法人経由も含む）の合計が 10％以上を現地法人の対象としており，進出後に撤退した企業，吸収合併された企業等は含まない。
2) ここでの便益とは，輸出している国での売上額，純利益，市場シェア等がプラスに動くことを指す。
3) ただし，第一局面で本国での生産にこだわり，海外生産はせず輸出を通じて製品をグローバル市場に投入する場合に，販売拠点を海外展開する企業も特に 2000 年以降存在している。この場合の販売拠点に対して直接投資をしているのであれば，第一局面でも海外直接投資をしていることになる。
4) OECD（経済開発協力機構），IMF（国際通貨基金），UN（国連）の定義。
5) UN（国連）の定義。

引用文献・参考文献一覧

第1章

ドラッカー，P. F.　有賀裕子訳　2008　『マネジメント　務め，責任，実践．Ⅲ』日経BPクラシックス　pp.61-62.

林　伸二・高橋宏幸・坂野友昭編　1994　『現代経営管理論』有斐閣

木暮　至　2004　『現代経営の管理と組織』同文舘出版

庭本佳和・藤井一弘編著　2008　『経営を動かす　その組織と管理の理論』文眞堂

第2章

Argyris, C.　1957　*Personality and organization.* New York: Harper & Row.（アージリス　伊吹山太郎・中村　実訳　1970　『組織とパーソナリティ―システムと個人の葛藤―』日本能率協会）

Argyris, C.　1964　*Integrating the individual and the organization.* New York: John Wiley & Sons.（アージリス　三隅二不二・黒川正流訳　1969　『新しい管理社会の探究』　産業能率短期大学出版部）

Barnard, C. I.　1938　*The functions of the executive.* Harvard University Press.（バーナード　山本安次郎・田杉　競・飯野春樹訳　1968　『新訳　経営者の役割』　ダイヤモンド社）

Burns, T. & Stalker, G. M.　1961　*The management of innovation.* London: Tavistock.

Cyert, R. M. & March, J. G.　1963　*A behavioral theory of the firm.* Englewood Cliffs, NJ: Prentice Hall.

Daft, R. L.　2003　*Management*（6th ed.）Mason, OH: South-Western Publishing.

Dill, W. R.　1958　Environment as an influence on managerial autonomy. *Administrative Science Quarterly*, **2**, 409-443.

Duncan, R. B.　1972　Characteristics of organizational environments and perceived environmental uncertainty. *Administrative Science Quarterly*, **17**, 313-327.

ファイヨール，H.　山本安次郎訳　1985　『産業ならびに一般の管理』ダイヤモンド社

Herzberg, F.　1966　*Work and the nature of man.* World Publishing.（ハーズバーグ　北野利信訳　1968　『仕事と人間性―動機づけ・衛生理論の新展開―』東洋経済新報社）

Lawrence, P. R. & Lorsch, J. W.　1967　*Organization and environment: Managing differentiation and integration.* Boston: Harvard University Press.（ローレンス　&　ローシュ　吉田　博訳　1977　『組織の条件適応理論』　産業能率短期大学出版部）

Maslow, A. H.　1954　*Motivation and personality.* New York: Harper & Row.（マズロー

小口忠彦監訳　1971　『人間性の心理学』　産業能率短期大学出版部）
Maslow, A. H.　1968　*Toward a psychology of being*（2nd ed.）New York: Van Nostrand.
Maslow, A. H.　1970　*Motivation and personalitty*（2nd ed.）New York: Harper & Row.
メイヨー，E.　村本栄一訳　1967　『産業文明における人間問題：ホーソン実験とその展開』　日本能率協会
McGregor, D.　1960　*The human side of enterprise*. New York: Harper & Row.（マグレガー　高橋達男訳　1970　『新版　企業の人間的側面』産業能率短期大学出版部）
大橋昭一・竹林浩志　2008　『ホーソン実験の研究』同文舘出版
Perrow, C.　1967　A framework for the comparative analysis of organizations. *American Sociological Review*, **32**, 194-208.
ポーセル，J. L. 編著　佐々木恒男監訳　2005　『アンリ・ファヨールの世界』　文眞堂
レン，D. A.・グリーンウッド，R. G.　井上昭一他監訳　2004　『現代ビジネスの革新者たち　テイラー，フォードからドラッカーまで』ミネルヴァ書房
シェレドレイク，J.　齋藤毅憲他訳　2000　『経営管理論の時代』文眞堂
Simon, H. A.　1945　*Administrative behavior: A study of decision-making processes in administrative organizations*. New York: Macmillan.
スペンダー，J. C.・キーネ，H. J. 編　三戸　公・小林康助監訳　2000　『科学的管理：F. W. テイラーの世界への贈りもの』文眞堂
テイラー，F. W.　上野陽一訳編　1969　『科学的管理法』産業能率短期大学出版部
Thompson, J. D.　1967　*Organzation in action*. New York: McGraw-Hill.（トンプソン　高宮　晋監訳　鎌田伸一・新田義則・二宮豊志訳　1987　『オーガニゼーション　イン　アクション―管理理論の社会科学的基礎―』同文舘）
ウェーバー，M.　阿閉吉男・脇　圭平訳　1987　『官僚制』恒星社厚生閣
Woodward, J.　1965　*Industrial organization: Theory and practice*. London: Oxford University Press.（ウッドワード　矢島鈞次・中村嘉雄訳　1970　『新しい企業組織』日本能率協会）
Woodward, J.　1970　*Industrial organization: Behavior and control*. London: Oxford University Press.（ウッドワード　都筑　栄・宮城浩祐・風間禎三郎訳　1971　『技術と組織行動』日本能率協会）

第3章

朝日新聞全国版大阪発行朝刊　2002 年 6 月 19 日　「新商品開発　日清，好調のカギ　社内バトル」
朝日新聞全国版東京発行朝刊　2005 年 9 月 23 日「ソニー 11 年ぶり赤字　世界 1 万人リストラへ　国内は 4000 人減」
Daft, R. L.　2001　*Essentials of organization theory & design*（2nd ed.）South-Western College.（ダフト　高木春夫訳　2002　『組織の経営学』ダイヤモンド社）
今田　治　1998　『現代自動車企業の技術・管理・労働』税務経理協会

Lawrence, P. R. & Lorsch, J. W. 1967 *Organization and environment: Managing differentiation and integration.* Boston: Harvard University Press. (ローレンス & ローシュ　吉田　博訳　1977　『組織の条件適応理論』産業能率短期大学出版部)
森本三男　1967　「ライン・スタッフ組織」藻利重隆責任編集　『経営学辞典』東洋経済新報社
藻利重隆　1965　『経営管理総論　第二新訂版』千倉書房
日経ビジネス　2000 年 11 月 13 日号「特集　日産改革の真実」　p.37.
日経ビジネス　2001 年 5 月 7 日号「時流潮流　日本コカ・コーラ出身の経営者が続出」　p.7.
日経TRENDY　2007 年 10 号「実力者は舞台裏にいる」　p.113.
日本生産管理学会編　1996　『トヨタ生産方式』日刊工業新聞社
大野耐一　1978　『トヨタ生産方式』ダイヤモンド社
塩見治人　1978　『現代大量生産体制論』森山書店
ソレンセン，C. E.　和田一夫・藤原道夫・金井光太朗訳　1998　『アメリカン・システムから大量生産へ　1800-1932』　名古屋大学出版会
占部都美　1988　「ライン・エンド・スタッフ組織」神戸大学経営学研究室編　『経営学大辞典』中央経済社

第 4 章

Alderfer, C. P. 1969 An empirical test of a new theory of human needs. *Organizational Behavior and Human Performance*, **4**, 142-175.
Alderfer, C. P. 1972 *Existence, relatedness and growth.* New York: The Free Press.
Amason, A. C. 1996 Distinguishing the effects of functional and dysfunctional conflict on strategic decision-making: Resolving a paradox for top management teams. *Academy of Management Journal*, **39**, 123-128.
Anderson, T. N. & Kida, T. E. 1985 The effect of environmental uncertainty on the association of expectancy attitudes, effort, and performance. *Journal of Social Psychology*, **125**, 631-636.
Argyris, C. 1957 *Personality and organization.* New York: Harper & Row.（アージリス　伊吹山太郎・中村　実訳　1970　『組織とパーソナリティ―システムと個人の葛藤―』日本能率協会)
Argyris, C. 1964 *Integrating the individual and the organization.* New York: John Wiley & Sons.（アージリス　三隅二不二・黒川正流訳　1969　『新しい管理社会の探究』産業能率短期大学出版部)
朝日新聞全国版東京発行朝刊　2001 年 3 月 19 日「成果主義賃金　見直し」
朝日新聞全国版東京発行朝刊　2002 年 9 月 5 日「広がる社内転職」
朝日新聞全国版東京発行朝刊　2004 年 3 月 16 日「04 春闘ゼロからの出発『キヤノン式』に注目」
朝日新聞全国版東京発行朝刊　2005 年a 2 月 24 日「成果対象，組織に」

朝日新聞全国版東京発行朝刊　2005年b 10月9日「揺れる成果主義」
朝日新聞全国版東京発行朝刊　2008年5月27日「役員にも成果主義　退職金廃止続々」
朝日新聞全国版東京発行土曜版Be　2003年5月31日「人材人財　日清食品」
Avolio, B. J., Gardner, W. L., Walumbwa, F. O., Luthans, F., & May, D. R.　2004　Unlocking the mask: A look at the process by which authentic leaders impact follower attitudes and behaviors. *Leadership Quarterly*, **15**, 801-823.
Avolio, B. J. & Kahai, S. S.　2003　Adding the "e" to leadership: How it may impact your leadership. *Organizational Dynamics*, **31**, 325-338.
Bandura, A.　1986　*Social foundations of thought and action: A social cognitive theory*. Englewood Cliffs, NJ: Prentice-Hall.
Barnard, C. I.　1938　*The function of the executive*. Harvard University Press.（バーナード　山本安次郎・田杉　競・飯野春樹訳　1968　『新訳　経営者の役割』ダイヤモンド社）
Bass, B. M.　1985　*Leadership and performance beyond expectations*. New York: The Free Press.
Bass, B. M.　1990　*Bass & Stogdill's handbook of leadership: Theory, research, and managerial applications*（3rd ed.）New York: The Free Press.
Burns, J. M.　1978　*Leadership*. New York: Harper & Row.
Den Hartog, D. N., House, R. J., Hanges, P. J., Ruiz-Quintanilla, S. A., & Dorfman, P. W.　1999　Culture specific and cross-culturally generalizable implicit leadership theories: Are attributes of charismatic/transformational leadership universally endorsed ? *Leadership Quarterly*, **10**, 219-256.
Ferris, K.　1978　Perceived environmetal uncertainty as a mediator of expectancy theory predictions: Some preliminary findings. *Decision Science*, **9**, 379-390.
Fiedler, F. E.　1967　*A theory of leadership effectiveness*. New York: McGraw-Hill.
Fry, L. W.　2003　Toward a theory of spiritual leadership. *Leadership Quarterly*, **14**, 693-727.
Fry, L. W., Vitucci, S., & Cedillo, M.　2005　Spiritual leadership and army transformation: Theory, measurement, and establishing a baseline. *Leadership Quarterly*, **16**, 835-862.
Gardner, W. L., Avolio, B. J., Luthans, F., May, D. R., & Walumbwa, F. O.　2005　"Can you see the real me ?" A self-based model of authentic leader and follower development. *Leadership Quarterly*, **16**, 343-372.
Greenleaf, R. K.　1977　*Servant leadership*. New York: Paulist Press.（グリーンリーフ　金井壽宏・金井真弓訳　2008　『サーバントリーダーシップ』　英治出版）
Hersey, P. & Blanchard, K. H.　1982　*Management of organizational behavior: Utilizing human resources*（4th ed.）Englewood Cliffs, NJ :Prentice-Hall.
House, R. J.　1971　A path-goal theory of leader effectiveness. *Administrative Science Quarterly*, **16**, 321-338.

House, R. J. 1977 A 1976 theory of charismatic leadership. In J. G. Hunt & L. L. Larson (Eds.), *Leadership: The cutting edge*. Carbondale, IL: Southern Illinois University Press. pp.189-207.

House, R. J. & Dessler, G. 1974 The path-goal theory of leadership: Some post hoc and a priori tests. In J. G. Hunt & L. L. Larson (Eds.), *Contingency approach to leadership*. Carbondale, IL: Southern Illinois University Press. pp. 29-62.

House, R. J. & Mitchell, T. R. 1974 Path-goal theory of leadership. *Journal of Contemporary Business*, **3**, 81-97.

House, R. J. & Shamir, B. 1993 Toward the integration of transformational, charismatic, and visionary theories. In M. M. Chemers & R. Ayman (Eds.), *Leadership theory and research: Perspectives and directions*. New York: Academic Press.

Joseph, E. E. & Winston, B. E. 2005 A correlation of servant leadership, leader trust, and organizational trust. *Leadership & Organization Development Journal*, **26**, 6-23.

城　繁幸　2004　『内側から見た富士通―「成果主義の崩壊」―』光文社

Kayworth, T. R. & Leidner, D. E. 2000 The global virtual manager: A prescription for success. *European Management Journal*, **18**, 183-194.

Kayworth, T. R. & Leidner, D. E. 2001/2002 Leadership effectiveness in global virtual teams. *Journal of Management Information Systems*, **18**, 7-40.

Kets de Vries, M. F. R., & Florent-Treacy, E. 2002 Global leadership from A to Z: Creating high commitment organizations. *Organizational Dynamics*, **30**, 295-309.

小久保みどり　1992　「環境不確実性と意思決定過程への参加が組織の従業員の職務満足感に及ぼす効果」『実験社会心理学』, **32**, 183-195.

Kouzes, J. M. & Posner, B. Z. 1987 *The leadership challenge*. San Francisco: Jossey-Bass.

熊沢　誠　1997　『能力主義と企業社会』岩波書店

Lawler III, E. E. 1971 *Pay and organizational effectiveness: A psychological view*. New York: McGraw-Hill.（ローラー　安藤瑞夫訳　1972　『給与と組織効率』ダイヤモンド社）

Lawler III, E. E. & Suttle, J. L. 1973 Expectancy theory and job behavior. *Organizational Behavior and Human Performance*, **9**, 482-503.

Leidner, D. E. & Kayworth, T. 2006 A review of culture in information systems research: Toward a theory of information technology culture conflict. *Management Information Systems Quarterly*, **30**, 357-399.

Likert, R. 1961 *New patterns of manegement*. New York: McGraw-Hill.（リカート　三隅二不二訳　1964　『経営の行動科学：新しいマネジメントの探求』ダイヤモンド社）

Manning, T. T. 2003 Leadership across cultures: Attachment style influences. *Journal of Leadership & Organizational Studies*, **9**.

Maslow, A. H. 1954 *Motivation and personality*. New York: Harper & Row.（マズロー

小口忠彦監訳　1971　『人間性の心理学』産業能率短期大学出版部）
Maslow, A. H.　1968　*Toward a psychology of being* (2nd ed.) New York: Van Nostrand.
Maslow, A. H.　1970　*Motivation and personality* (2nd ed.) New York: Harper & Row.
松原敏浩　1995　『リーダーシップ効果に及ぼす状況変数の影響について―フォロワーの職場状況認知を中心に―』　風間書房
McGregor, D.　1960　*The human side of enterprise*. New York: Harper & Row.（マグレガー　高橋達男訳　1970　『新版　企業の人間的側面』産業能率短期大学出版部）
McClelland, D. C.　1961　*The achieving society*. Princeton, NJ: Van Nostrand.（マクレランド　林　保監訳　1971　『達成動機―企業と経済発展におよぼす影響―』産業能率短期大学出版部）
三隅二不二　1984　『リーダーシップ行動の科学（改訂版）』有斐閣
Mitchell, T. R.　1974　Expectancy models of job satisfaction, occupational performance and effort: A theoretical, methodological, and empirical appraisal. *Psychological Bulletin*, **81**, 1053-1077.
日経ビジネス　2001年5月21日号「特集　会社はどこまで変われるか　人事革命第2ステージ　実力主義の正念場」pp.26-30.
日経ビジネス　2002年9月16日号「特集　元気がでる成果主義」pp.29, 34-36.
Nystrom, P. C.　1978　Managers and the high-high leader myth. *Academy of Management Journal*, **21**, 325-331.
Parameshwar, S.　2005　Spiritual leadership through ego-transcendence: Exceptional responses to challenging circumstances. *Leadership Quarterly*, **16**, 689-722.
Porter, L. W. & Lawler III, E. E.　1968　*Managerial attitude and performance*. Homewood, IL:Irwin.
Rosen, B., Frust, S., Blackburn, D., & Shapiro, D.　2000　*Is virtual the same as being there - not really !* Presentation at the 2000 Meeting of the National Academy of Management, Tronto, Canada.
Rotter, J. B.　1966　Generalized expectancies for internal versus external control of reinforcement. *Psychological Monograph*, **80**, 1-28.
坂下昭宣　1985　『組織行動研究』白桃書房
Scandura, T. & Dorfman, P.　2004　Leadership research in a international cross-cultural context. *Leadership Quarterly*, **15**, 277-307.
Schriesheim, C. A. & Bird, B. J.　1979　Contribution of the Ohio State Studies to the field of leadership. *Journal of Managemnt*, **5**, 126-134.
Shamir, B. & Eilam, G.　2005　"What's your story ?" A life-stories approach to authentic leadership development. *Leadership Quarterly*, **16**, 395-417.
Spreitzer, G. M.　2003　Leadership development in the virtual workplace. In S. E. Murphy & R. E. Riggio (Eds.), *The future of leadership development*. Mahwah, NJ: Lawrence Erlbaum Associates. pp.71-86.

Stone, A. G., Russell, R. F., & Patterson, K. 2004 Transformational versus servant leadership: A difference in leader focus. *Leadership & Organization Development Journal*, **25**, 349-361.

高橋伸夫　2004　『虚妄の成果主義―日本型年功制復活のススメ―』日経BP社

Thomas, D. C. & Ravlin, E. C. 1995 Responses of employees to cultural adaptation by a foreign manager. *Journal of Applied Psychology*, **80**, 133-146.

Trevino, L. K., Hartman, L. P., & Brown, M. 2001 Moral person and moral manager: How executives develop a reputation for ethical leadership. In W. E. Rosenbach & R. T. Taylor (Eds.), *Contemporary issues in leadership* (5th ed.) Boulder, CO: Westview Press. pp. 85-100.

Vogl, R. J., Simkin, C., & Nicks, S. D. 2005 *The effect of group dynamics on virtual teams: The advantages and disadvantages of virtual teams.* Presentation in the symposium of the use of technologies and their effect on performance at seventy-seventh annual meeting of Midwestern Psychological Association, Chicago, Illinois.

Vroom, V. H. 1964 *Work and motivation.* New York: Wiley.（ブルーム　坂下昭宣・榊原清則・小松陽一・城戸康彰訳　1982　『仕事とモチベーション』千倉書房）

Weber, M. 1956 *Wirtschaft und Gesellschaft, Grundriss der verstehenden Soziologie, vierte, neu herausgegebene Auflage, besorgt von Johannes Winckelmann.* （ウェーバー，M.　世良晃志訳　1960　『経済と社会―支配の社会学Ⅰ―』，『経済と社会―支配の諸類型―』創文社）

Zaccaro, S. J., Ardison, S. D., & Orvis, K. L. 2004 Leadership in virtual teams. In D. V. Day, S. J. Zaccoro, & S. M. Halpin (Eds.), *Leader development for transforming organizations: Growing leaders for tomorrow.* Mahwah, NJ: Lawrence Erlbaum Associates. pp.267-292.

第5章

アンダーソン Jr., J. W.　百瀬恵夫監訳　1994　『企業の社会的責任』白桃書房

枝廣淳子　2008　『エネルギー危機からの脱出』ソフトバンク クリエイティブ　pp.182, 199-200.

後藤道夫他　2005　「特集　現代日本のワーキングプア」『ポリティーク』, **10**, 46-63.

Hansmann, H. 2000 *The ownership of enterprise.* Harvard University Press.

平田光弘　2003　「日本における取締役会改革」『東洋大学経営学部経営論集』, **58**, 159-178.

平田光弘　2008　『経営者自己統治論―社会に信頼される企業の形成―』中央経済社

市嶋洋平　2007　「日本IBMが省エネBig Greenを披露」『日経コンピュータ』2007年11月29日号
　　　　http://itpro.nikkeibp.co.jp/article/NEWS/20071129/288367/ （8/31/08 referred）

IPCC 2007 *Climate change 2007: The physical science basis.* Contribution of Working Group I to the Fourth Assessment Report of the Intergovernmental Panel on

Climate Change. Cambridge University Press. p.10.
石原信吾　1980　「病院経営」山城　章編著　『ノン・ビジネス経営の構築』ビジネス教育出版社
河口真理子　2007　「日本におけるSRIと今後の可能性―エコファンドからサステナブル金融へ」『環境情報科学』, **36** (3), 32-37.
環境省　2008　「第3章　低炭素社会の構築に向けた我が国の取り組みと国際貢献」『環境循環型社会　白書（平成20年版）』　p.35.
小島大徳　2004　『世界のコーポレート・ガバナンス原則―原則の体系化と企業の実践―』文眞堂 pp.10-11, 19-20.
小島大徳　2007　『市民社会とコーポレート・ガバナンス』文眞堂
小島　愛　2008　『医療システムとコーポレート・ガバナンス』文眞堂
小室淑恵　2008　『新しい人事戦略　ワークライフバランス　考え方と導入』日本能率協会マネジメント
栗原　潔　2008　『グリーンIT』　ソフトバンク クリエイティブ　pp.19, 54-55.
三菱UFJリサーチ＆コンサルティング編著　2006　『決定版　わかるCSR・基本から最前線まで』　同文舘出版
水尾順一・田中宏司編著　2004　『CSRマネジメント』生産性出版
中村瑞穂編著　2003　『企業倫理と企業統治』文眞堂
中野麻美　2006　『労働ダンピング』岩波書店
日本規格協会編　2004　『CSR　企業の社会的責任　事例による企業活動最前線』財団法人日本規格協会
尾形裕也・高木安雄・左座武彦　2004　「医療機関のガバナンスに関する調査研究」『医療と社会』, **14**(2), 27-36.
Salamon, L. M.　2002　*The state of nonprofit America*. Brooking Institution Press.
Shiva, V.　2005　「コーラ工場と闘うインドの女性たち」　India: soft drinks, hard cases. *Le Monde diplomatique*, March, 2005.
　　http://www.diplo.jp/articles05/0503-4.html（9/1/08 referred）
島田　恒　2008　『NPOという生き方』PHP研究所
谷本寛治　2007　『SRIと新しい企業・金融』東洋経済新報社　pp.23-28.
山内直人　2004　『NPO入門』日本経済新聞社
吉森　賢　2005　『経営システムⅡ―経営者機能―』放送大学教育振興会

第6章

浅川和宏　2003　『グローバル経営入門』日本経済新聞社
Bartlett, C. A. & Ghoshal, S.　2002　*Managing across borders: The transnational solution*（2nd ed.）Harvard Business School.
Beamish, P. W., Morrison, A. J., Inkpen, A. C., & Rosenzweig, P. M.　2003　*International management: Text & cases*（5th ed.）New York : McGraw-Hill.

Hymer. S. 1960 *The international operations of national firms: A study of direct foreign investments.* Cambridge : MA MIT Press.
Hill, C. W. L. 2007 *International business: Competing in the global marketplace*（6th ed.）New York : McGraw-Hill.
ジェトロ　各年　『貿易投資白書』
亀井正義　2001　『企業国際化の理論―直接投資と外国籍企業』中央経済社
日経産業新聞　2008年10月27日
日経産業新聞　2008年11月11日　サントリー佐治社長談
東洋経済新報社　各年　週刊東洋経済臨時増刊　『海外進出企業総覧 国別編』
東洋経済新報社　各年　週刊東洋経済臨時増刊　『海外進出企業総覧 会社別編』
UNCTAD 各年　World Investment Report.

事項索引

あ

ISO14001　102
IPCC　101
ERGモデル　75
委員会設置会社　116
育児休業　119
意思決定論　38
一元一層制　115
医療法人　121
インセンティブ・システム　79
SRI　101
X理論・Y理論　41
NGO（Non-Governmental Organization）　120
NPO（Non-Profit Organization）　120
FSC　102
LCA　104
オーセンティック・リーダーシップ　93
オハイオ研究　84

か

海外直接投資　136
介護休業　119
価値前提　38
株主総会　11, 115
カリスマ的リーダーシップ　90
環境　44
環境不確実性　46
監査役（会）　115
監査役設置会社　116
監事　122
カンパニー制組織　57
かんばん　68
管理　15
管理階層　15
管理過程　25
管理の幅　8
官僚制組織　26
規制改革　122
帰属意識　10
期待理論　76
忌避宣言権　55
寄付　121
共生　107
共通目的　35
協働意欲　35
業務請負社員　116
Green Computing　103
経営機構改革　113
経営者支配　3
経営と医療の分離　124
経営理念　111
公益法人改革　122
貢献　36
公式組織　31, 33
構造づくり　84
コーポレート・ガバナンス問題　112
国際化　129
コミュニケーション　35
コミュニティ・ビジネス　120
コンティンジェンシー理論　44
コンベヤ・システム　64

さ

サーバント・リーダーシップ　95
サステナビリティ　105
差別出来高払い制度　23
産前産後休業　119
CSR　8, 101
CDM　101

JIT　67
指揮・命令系統　53
事業本部制　56
自己実現人モデル　40
事実前提　38
執行役員　115
自働化　68
社員総会　122
社会医療法人　122
社会的起業家（Entrepreneur）　120
社会的責任の制度化　111
社外取締役　115
社内振替価格　55
受託経営層　11
少子化　119
情報開示・透明性　113
初期ミシガン研究　83
職能別職長制度　22, 49
女性活躍支援　120
人員削減リストラ　117
『新時代の「日本的経営」』　117
診療科　124
スタッフ組織　51, 52
スタッフ部門　50
ステイクホルダー　106
スピリチュアル・リーダーシップ　94
スペシャリスト（スペシャル）・スタッフ　52
生産管理　62
説得　37
ゼネラル・スタッフ　52
全般経営層　11
専門化　52, 53

た
代表取締役　11, 115
多国籍企業　129
達成動機　76
達成動機説　76
多面的機能　103

男女均等推進施策　118
男女雇用機会均等法　118
忠誠心　10
テレワーク　119
トール型　14
特性論　82
トップ・マネジメント　9, 10, 16
トップ・ダウン型　13
トヨタ生産システム　66
取締役会　11, 115

な
二元一層制　115
二要因理論　43
人間関係論　30
能率　36

は
バーチャル・チーム　96
配慮　84
派遣切り　110
派遣社員　116
派遣労働者　109
パス・ゴール理論　86
バブル経済　112
阪神・淡路大震災　120
PM理論　85
非公式組織　31
非正規雇用労働者　117
ファミリーフレンドリー施策　118
フォード・システム　63
部門セクショナリズム　51
フラット型　14
プロダクト・マネジャー制組織　59
プロフィット・センター　55
分権化の原理　54
変革型リーダーシップ　90
ホーソン実験　28
ボトム・アップ型　13
ボランティア　121

ま
マズローの欲求階層説　74
マトリックス組織　60
マネジメント・サイクル　18
満足化　38
ミッション　121
ミドル・マネジメント　9, 11, 16

や
誘因　36
有効性　36

ら
ライン組織　52
ライン・アンド・スタッフ組織　51, 52
ライン（直系）組織　51
ライン部門　50
リーダーシップ　81
理事会　122
労働意欲　6
労働者人格　7
労働者派遣制度　109
労働者派遣法　117
労働能力　6
労働のCSR　119
ロワー・マネジメント　9, 12, 16

わ
ワーキングプア　117
ワーク・モチベーション　73
ワーク・ライフ・バランス　118

人名索引

A
アルダファ（Alderfer, C. P.）　73, 75
アメイソン（Amason, A. C.）　97
アンダーソン（Anderson, T. N.）　79
アーディソン（Ardison, S. D.）　97
アージリス（Argyris, C.）　40, 75
アボリオ（Avolio, B. J.）　93, 94, 97

B
バンデューラ（Bandura, A.）　97
バーナード（Barnard, C. I.）　33-39, 92
バートレット（Bartlett, C. A.）　141
バス（Bass, B. M.）　82, 91, 97
バード（Bird, B. J.）　84
ブラックバーン（Blackburn, D.）　98
ブランチャード（Blanchard, K. H.）　86
ブラウン（Brown, M.）　93
バーンズ（Burns, J. M.）　90, 91
バーンズ（Burns, T.）　45

C
セディーロ（Cedillo, M.）　95
サイアート（Cyert, R. M.）　39

D
ダフト（Daft, R. L.）　44, 61
デン・ハートグ（Den Hartog, D. N.）　98
デスラー（Dessler, G.）　86-88

158 索　引

ディル（Dill, W. R.）　44
ドーフマン（Dorfman, P. W.）　98, 99
ドラッカー（Drucker, P. F.）　17
ダンカン（Duncan, R. B.）　45

E
枝廣淳子　102, 103
エイラム（Eilam, G.）　94

F
ファヨール（Fayol, H.）　21, 23-26
フェリス（Ferris, K.）　79
フィードラー（Fiedler, F. E.）　86
フローレント - トリーシー（Florent-Treacy, E.）　99
フォード（Ford, H.）　63, 65
フラスト（Frust, S.）　98
フライ（Fry, L. W.）　94, 95

G
ガードナー（Gardner, W. L.）　93, 94
ゴシャール（Ghoshal, S.）　141
後藤道夫　118
グリーンリーフ（Greenleaf, R. K.）　95

H
ハイマー（Hymer, S）　143
ハンジーズ（Hanges, P. J.）　98
ハートマン（Hartman, L. P.）　93
ハーシー（Hersey, P.）　86
ハーズバーグ（Herzberg, F.）　43, 74
左座武彦　122, 124
ヒル（Hill, C. W. L.）　130
平田光弘　112, 114
ハウス（House, R. J.）　86-91, 98

I
市嶋洋平　104
石原信吾　124

J
城　繁幸　80
ジョセフ（Joseph, E. E.）　96

K
カハイ（Kahai, S. S.）　97
河口真理子　105
ケイワース（Kayworth, T.）　98
ケッツ・ド・ブリーズ（Kets de Vries, M. F. R.）　98, 99
キダ（Kida, T. E.）　79
小島大徳　113
小久保みどり　79
小室淑恵　118
コージズ（Kouzes, J. M.）　91
熊沢　誠　79
栗原　潔　104

L
ローラー（Lawler III, E. E.）　77-79
ローレンス（Lawrence, P. R.）　46, 59, 60
レイドナー（Leidner, D. E.）　98
リカート（Likert, R.）　83
ローシュ（Lorsch, J. W.）　46, 59, 60
ルーサンス（Luthans, F.）　94

M
マニング（Manning, T. T.）　99
マーチ（March, J. G.）　39
マズロー（Maslow, A. H.）　40, 41, 73-75
松原敏浩　90
メイ（May, D. R.）　94
メイヨー（Mayo, G. E.）　28, 30
マクレランド（McClelland, D. C.）　73, 76
マグレガー（McGregor, D.）　41, 42, 75
マートン（Merton, R. K.）　27
三隅二不二　81, 85

ミッチェル（Mitchell, T. R.） 79, 86, 88, 89
藻利重隆 54
森本三男 54

N
中野麻美 117
ニックス（Nicks, S. D.） 97
ナイストローム（Nystrom, P. C.） 84

O
尾形裕也 122, 124
オービス（Orvis, K. L.） 97

P
パラメシュウォー（Parameshwar, S.） 95
パターソン（Patterson, K.） 95
ペロー（Perrow, C.） 44
ポーター（Porter, L. W.） 77
ポズナー（Posner, B. Z.） 91

R
ラブリン（Ravlin, E. C.） 99
レスリスバーガー（Roethlisberger, F. J.） 28, 30
ローゼン（Rosen, B.） 98
ロッター（Rotter, J. B.） 89
ルイーズ - キンタニラ（Ruiz-Quintanilla, S. A.） 98
ラッセル（Russell, R. F.） 95

S
坂下昭宣 77, 79
スカンデューラ（Scandura, T.） 99
シュリースハイム（Schriesheim, C. A.） 84

シャミール（Shamir, B.） 91, 94
シャピロ（Shapiro, D.） 98
シヴァ（Shiva, V.） 105
シムキン（Simkin, C.） 97
サイモン（Simon, H. A.） 38
スプレイツァー（Spreitzer, G. M.） 97
ストーカー（Stalker, G. M.） 45
ストーン（Stone, A. G.） 95
サトル（Suttle, J. L.） 79

T
高木安雄 122, 124
高橋伸夫 80
谷本寛治 105
テイラー（Taylor, F. W.） 21-24, 31, 49, 62
トーマス（Thomas, D. C.） 99
トンプソン（Thompson, J. D.） 44
トレビーノ（Trevino, L. K.） 93

U
占部都美 54

V
ビトゥッチ（Vitucci, S.） 95
ボーグル（Vogl, R. J.） 97
ブルーム（Vroom, V. H.） 77

W
ワランバ（Walumbwa, F. O.） 94
ウェーバー（Weber, M.） 21, 26, 90
ウィンストン（Winston, B. E.） 96
ウッドワード（Woodward, J.） 44

Y
吉森　賢 112

Z
ザッカロ（Zaccaro, S. J.） 97

■執筆者紹介（執筆順）（＊は編者）

田中照純（たなか・てるよし）＊
担当：第1章第1・2節，第2章第3節，第3章第1節第1・3・4項，第5章第2節
神戸大学大学院経営学研究科博士後期課程単位取得，経営学史・企業倫理学専攻
立命館大学経営学部名誉教授

今田　治（いまだ・おさむ）
担当：第1章第3節，第2章第1・2節，第3章第2節
大阪市立大学大学院経営学研究科博士後期課程単位取得，生産システム論・技術経営論専攻
立命館大学経営学部名誉教授

小久保みどり（こくぼ・みどり）＊
担当：第2章第4・5節，第3章第1節第5・6項，第4章
東京大学大学院社会学研究科修士課程修了，産業組織心理学・社会心理学・組織論専攻
立命館大学経営学部教授

山崎敏夫（やまざき・としお）
担当：第3章第1節第2項
同志社大学大学院商学研究科博士後期課程単位取得，現代企業論・経営史・経営管理論専攻
立命館大学経営学部教授

近藤久美子（こんどう・くみこ）
担当：第5章第1節
京都大学大学院地球環境学舎博士後期課程修了，環境学専攻
横浜国立大学大学院国際社会科学研究院准教授

小島　愛（こじま・めぐみ）
担当：第5章第3・5節
明治大学大学院商学研究科博士後期課程修了，企業統治論・非営利組織論・医療経営学専攻
立命館大学経営学部教授

守屋貴司（もりや・たかし）
担当：第5章第4節
関西学院大学大学院商学研究科博士課程後期課程単位取得
立命館大学大学院社会学研究科博士課程後期課程修了，人的資源管理論・キャリア形成論・労使関係論専攻
立命館大学経営学部教授

井口知栄（いぐち・ちえ）
担当：第6章
英国レディング大学ビジネススクール修了，Ph.D.
International Business, Global Strategic Management 専攻
慶應義塾大学商学部教授

マネジメント論 ―管理，そして組織を考える―

2009 年 4 月 20 日　初版第 1 刷発行　（定価はカヴァーに表示してあります）
2023 年 9 月 10 日　初版第 10 刷発行

編　者　田中照純
　　　　小久保みどり
発行者　中西　良
発行所　株式会社ナカニシヤ出版
〒606-8161　京都市左京区一乗寺木ノ本町 15 番地
　　　　　　Telephone　075-723-0111
　　　　　　Facsimile　075-723-0095
　　　　　Website　http://www.nakanishiya.co.jp/
　　　　　E-mail　iihon-ippai@nakanishiya.co.jp
　　　　　　　　　郵便振替　01030-0-13128

装幀＝白沢　正／印刷・製本＝ファインワークス
Copyright © 2009 by T. Tanaka & M. Kokubo
Printed in Japan.
ISBN978-4-7795-0351-1

◎本書のコピー，スキャン，デジタル化等の無断複製は著作権法上での例外を除き禁じられています．本書を代行業者等の第三者に依頼してスキャンやデジタル化することは，たとえ個人や家庭内での利用であっても著作権法上認められておりません．